장도리의 대한국민 現在史 2016~17

빛은 어둠을 넘어

어둠은 빛을 이길 수 없다

"피청구인 대통령 박근혜를 파면한다."

헌법재판관이 선고문을 낭독한 순간 국민들은 '대한민국은 민주공화국이며, 대한민국의 주권은 국민에게 있고, 모든 권력은 국민으로부터 나온다'는 헌법 제1조가 단지 종이 위에 적힌 글자가 아니라 우리 삶 속에 살아 숨 쉬는 원칙임을 확인할 수 있었습니다. 그리고 이 원칙은 누가 우리 손에 쥐여주는 것이 아니라 우리 스스로가 얻어내야 한다는 사실도 확인하는 순간이었습니다.

촛불혁명의 의미는 악정을 행한 대통령을 끌어내리고 정권을 교체한 것에 국한되지 않습니다. 소수 기득권 세력에 끌려가는 피동적인 자세를 벗어나 우리가 이 사회를 구성하는 주인으로서 능동적이고 주체적인 입장을 세우고자 한 움직임이 촛불로 발현된 것이기도 합니다.

가맹점 갑질이나 기업 내 성차별과 폭력, 비정규직이 겪는 불이익 등 사회 각 분야에서 어쩔 수 없다고 여겨지던 부조리도 시민 주도로 바꿀 수 있다는 생각이 커져가게 된 것입니다. 특히 기존 제도권 언론에 대한 저항의 목소리가 강해지며 그동안 소수 엘리트 집단의 여론 주도권을 다수의 시민이 가져오고 있습니다.

 어둠은 빛을 이길 수 없다는 믿음으로 촛불을 밝힌 시민들은 정권을 교체하는 데 성공했고 이제 우리 사회에 오랜 세월 뿌리내린 부패와 악습을 청산하고자 합니다.

 노동자를 경제성장의 도구로 인식하고 희생을 강요하던 구체제의 지배 논리는 우리가 벗어던져야 할 녹슨 쇠사슬에 불과합니다.

 우리가 든 촛불은 우리를 진정한 해방의 길로 안내하는 이정표가 될 것입니다.

2017년 12월

박 순 찬

장도리의 대한국민 現在史 2016~17

빛은 어둠을 넘어

차례

다카키 마사오

일제강점기 교사를 하다 때려치우고 만주 군관학교에 들어가
천황 폐하를 위해 멸사봉공하는 군인으로
거듭나면서 출세의 기반을 닦았다.
광복 후 남조선로동당 당원으로 공산주의 활동을 하다
여수·순천 사건으로 체포돼 사형을 선고받기까지 했으나
남로당 관련 정보를 넘긴 대가로 살아남는다.
5·16 쿠데타를 일으켜 정권을 탈취한 후엔
반공을 국시로 삼아 장장 18년간의 독재정치를 펼치다
궁정동 안가에서 김재규 중정부장의 총탄에 사망한다.
이 시절에 언론의 협조로 만들어진 박정희 신화와 지역감정은
지금까지 대한민국의 정치에 큰 영향을 끼치고 있으며
박정희 코스프레만 하면 표로 연결되는 정치 문화가 수십 년간 이어져왔다.

503

박정희의 딸이라는 이유로 대통령으로 옹립되어
순식간에 나라를 1970년대 스타일로 돌려버린 인물.
아버지가 사망한 후 청와대에서 쫓겨난 지 34년 만에
대통령으로서 청와대 입성에 성공하나
임기 4년 만에 또 쫓겨나고 수임번호 503번으로 수감 중이다.
재임 중 수많은 국민은 고통과 슬픔의 연속이었으며
결국 세월호 참사 대처에서 보여준 무능은 대한민국에서
박근혜 씨가 대통령이 되었다는 것 자체가 대형 참사라는 것을
절실히 깨닫게 만들었다. 이와 함께 최순실 국정농단이라는
희대의 사기 사건을 일으켜 대한민국에 짙게 드리워져 있는
박정희 향수를 어느 정도 씻어내는 유일한 업적을 남기게 된다.

MB

서울시장 역임 중 청계천 복원 사업 등에 세금을 퍼부으며
대권을 향한 야심을 키우다 박정희 코스프레와 함께
부동산값 상승의 기대를 심어주며 대통령에 당선된 인물.
임기 내내 자신이 서민이라는 광고를 펼치며
4대강 녹조라떼 생산 사업 등 토건 중심 정책과
친재벌 정책을 펼쳐 나라를 신자유주의
삽질 공화국으로 이끌고
서민들을 고통의 구렁텅이로 몰아넣었다.

이니

박근혜의 악정을 견디다 못한 시민들이
촛불을 들고 일어나 새로 선출한 대통령.
2016년 전국에서 불붙은 촛불은 정권 교체뿐 아니라
수십 년 뿌리내린 부패 세력 교체에 대한 시대적 요구였고,
이러한 가운데 문재인 대통령에게 국민들이 쥐여준
적폐 청산의 칼은 무겁기만 하다.
전임 지배자의 비밀주의와 권위적 통치 방식을
경험한 국민들은 문재인 대통령의 탈권위적이고
소통에 노력하는 모습에
그를 '이니'라는 애칭으로 호칭하며
감격의 박수를 보내고 있다.

29만 원

박정희가 죽자 그를 흉내 내 군사 반란을 일으키고
체육관에서 대통령이 된 후 7년간 독재정치를 펼쳤다.
그가 집권하는 것을 반대해 들고 일어난 광주 시민들을
무참히 학살하였으며 집권 후에도 반공을 앞세워
수많은 국민의 인권을 유린하고 자유를 억압하였다.
박종철 고문치사 사건과 이한열 피격 사건은
독재에 신음하던 국민들의 인내심을 끌어내려버렸고,
결국 6월 항쟁으로 직선제 개헌을 통해
정권은 친구에게 넘어갔다. 이후 백담사로 귀양을 가고
감방도 다녀왔으나 여전히 자기가 저지른 죄에 대한
반성의 기미는 보이지 않고, 거짓말로 범벅된
회고록을 내며 황제 노후를 즐기고 있다.

재드래곤

삼성 재벌 3세로 대한민국의 슈퍼 갑이며
최고 금수저다.
e삼성을 말아먹는 등 마이너스의 손이라 불릴 정도의
경영 능력을 보여주었으나 국민연금까지 동원한
경영권 승계 작업을 통해 삼성그룹의 사실상
총수 자리를 넘겨받는다.
최순실 국정농단 사건의 공범으로 밝혀져
구속되었으나 옥중 경영을 펼치며
기업의 이재용 체제를 구축 중이다.

도람뿌

미국의 대표 금수저이자 부동산 재벌로,
전 세계의 예상을 깨고 대통령이 되었다.
기존 언론에 대한 불신을 노골적으로 드러내며
트위터를 통해 정치적 주장들을 펼치고 있으나
인종과 성별 및 종교 문제에 대한 극단적 태도로
수많은 안티를 양성하고 있다.
북한의 ICBM(대륙간탄도미사일) 개발은
그의 사업가적 기질을 자극해
한반도 긴장을 확대시키면서
무기를 강매시키고 있다.

핵정은

조선민주주의인민공화국의 3대 세습 지배자.
스위스에서 조기 유학을 하는 등
서방세계를 경험한 바 있으나
북한에서 제3대 지도자로 추대된 후엔 김일성 향수를
자극하기 위해 6·25시절의 헤어스타일을 유지하는 등
나이와 시대에 맞지 않는 독특한 모습을 보이고 있다.
ICBM 개발과 수소탄 핵실험을 강행하는 등
3대 세습에 대한 불안 요소들을 지우고
권력 강화를 위해 한반도 긴장을 유발 중이다.

장도리

만화의 주인공이지만 다른 등장인물들의 활약에 밀려
좀처럼 등장할 기회를 얻지 못하고 있다.
냥도리는 길고양이로
장도리와 함께 출연을 위해 노력 중이다.

빛은 어둠을 넘어

우리의 이웃들

이 만화의 진정한 주인공들이다.
대통령을 비롯해 사회적 영향력이 있는
많은 인사가 만화에 등장하지만
그들은 시대 변화에 따라
무대에서 사라지곤 한다.
그러나 우리의 이웃들은
꾸준히 자기 자리를 지키며
우리 사회를 지탱하고 있다.

1장
피청구인
대통령 박근혜를
파면한다

겪어봤나

국민들은 박근혜 정권 하에서 박정희 리더십으로 일컬어지는 개발독재 시대의 무자비한 통치 방식을 실감하고 있습니다.
박근혜 대통령은 그가 정권을 잡는 데 중요한 역할을 한 박정희 향수를 없애는 업적을 남깁니다.

검찰이 국민연금공단과 삼성 미래전략실을 압수수색하는 등 박근혜 정권의 정경유착에 대한 수사를 본격화하고 있습니다.
재벌은 권력에 뇌물을 바치고 권력의 비호 아래 노동자들의 더욱 많은 피와 땀을 가로채갑니다.

주사기

최순실 등 민간인에 의한 국정농단 의혹 사건 진상규명을 위한 국정조사 특별위원회(이하 '최순실 국조특위')에 출석한
청와대 의전과장이 박근혜 대통령에 백옥주사, 태반주사, 감초주사 등이 처방됐다고 실토합니다.
대통령에 각종 미용 주사, 건강 주사가 처방될 때 서민 경제엔 재벌 특혜, 부동산 부양책, 간접세 인상 등이 처방됐습니다.

아버지와 함께

박근혜 퇴진을 주장하는 대규모 촛불시위가 이어진 끝에 국회에서 대통령 탄핵 표결이 이루어집니다.
국민들의 퇴진 요구에도 박정희를 신으로 떠받드는 맹목적 지지층에 기대어 버티던 박근혜 대통령은
결국 박정희 신화를 붙잡고 함께 몰락하는 길을 택하고 있습니다.

박정희의 그늘이 키운 것들

박근혜 대통령 탄핵소추안이 국회에서 총 투표수 299표 중 찬성 234표, 반대 56표, 기권 2표, 무효 7표로 가결됩니다.
한국 사회에 짙게 드리워 있는 박정희 신화의 그늘 아래 민중들을 억압하는 정치체제가 오랫동안 유지되어왔습니다.
이제 민중들은 스스로의 힘으로 어둠을 몰아내고 있습니다.

바꾸세

대통령 탄핵소추안이 국회에서 가결되고 헌법재판소가 본격적인 심리 절차에 들어갑니다.
수백만의 시민들이 추위를 뚫고 촛불을 든 것은 대한민국이 그동안 청산하지 못한 역사를 바로 세우겠다는
절실한 소망 때문이기도 합니다.

나라꼴은요?

박근혜 대통령 측이 탄핵심판 청구에 대한 답변서를 통해
"최순실 등이 국정 및 고위 공직 인사에 광범위하게 관여했다는 것은 사실이 아니고 입증된 바 없다"고 반박하고
비선 실세 최순실 씨의 책임을 대통령에게 묻는 것은 연좌제 금지의 정신에 위배된다고 강조합니다.
거리를 가득 채운 촛불의 퇴진 요구를 묵살하고 정치적 승부를 위한 버티기에 들어가며
나라를 더욱 수렁으로 몰아넣고 있습니다.

박물관으로

박근혜 정권이 보여준 무능과 부패는 박 정권을 탄생시키는 데 중요한 기반이 된 박정희 신화의 실체를 확인하게 했습니다.
대한민국은 지금 민주공화국에 걸맞은 사상적 기반을 재정립하라는 시대적 요구를 듣고 있습니다.

찔러도

서민들의 고통

치킨

사채
대출
이력서

을들의 희생

갑

세월호의 참극

찔러도
피 한방울
안 나온
정권

세월호 구조 통영함출동은
대통령에 보고할 감아냐

궁과 성

아이들이 가라앉을 때

궁 안에선 외모손질

청년들이 쓰러질 때

백혈병

성 안에선 실적잔치

골든타임

찔러도

김장수 전 국가안보실장이 최순실 국조특위 제3차 청문회에서, 통영함이 출동을 준비하고 있다는 것을 대통령에게 보고했느냐는 새누리당 하태경 의원의 질문에 그건 대통령에 보고할 감도 아니고, 해군 참모총장이 알아서 출동을 시키면 되는 것이라고 답해 국민들의 분노를 삽니다. 수많은 국민의 생명을 지키지 못한 박근혜 정권의 실체가 청문회를 통해 드러납니다.

궁과 성

박근혜 대통령이 세월호 참사 당일 머리 손질에 시간을 허비했느냐 하는 문제가 논란이 되고
국민들은 국가 중대사를 책임져야 하는 대통령이 머리 손질에 시간을 허비했다는 사실에 분노합니다.
육영수 향수를 불러일으키며 박근혜 정권을 탄생시키는 데 큰 역할을 했던 올림머리가 이젠 국민들의 지탄을 받습니다.

골든타임

세월호 참사 당시 대통령에게 최초 보고를 오전 9시 30분에 했으나 30분 늦은 오전 10시로 사후 조작하고,
재난 컨트롤 타워를 청와대 국가안보실이 아닌 안전행정부로 바꾸도록 대통령 훈령을 불법 변경한 사실이 밝혀집니다.
책임을 회피하려 온갖 꼼수를 동원한 미꾸라지 같은 범죄행위의 전모가 드러나고 있습니다.

언론 때문

탄핵소추안 국회 가결로 직무 정지 상태인 박근혜 대통령이
예정에 없던 신년 간담회를 열어 자신을 둘러싼 의혹에 대한 변명으로 일관합니다.
박 대통령은 기자들의 노트북이나 휴대전화 소지 및 촬영을 불허한 상태에서 최순실 게이트와 국정농단에 대해
자신의 결백을 주장하고 모든 것을 남 탓으로 돌리는 후안무치의 모습을 보여줍니다.

만화 같은 현실

일본 애니메이션 〈너의 이름은〉이 순식간에 100만 관객을 돌파하며 새해 극장가를 점령하고

도서와 음반 사이트에서도 관련 콘텐츠가 열풍입니다.

오랫동안 친일 청산 대신 정치적으로 이용된 반일 감정으로 일본과 공식적인 문화 교류가 막힌 가운데

각 분야에서 일본의 저작물을 표절하고 도용해 이익을 챙긴 사람이 많습니다.

김대중 정부 시절 일본 문화 개방을 시작한 이후 20년이 채 안 됐지만 어느덧 자연스럽게 외국 문화를 향유하게 되었습니다.

학교로

최순실 게이트를 수사 중인 박영수 특별검사팀이
433억 원의 뇌물공여 혐의를 받고 있는 이재용 삼성전자 부회장에 대한 구속영장을 발부합니다.
이 부회장은 영장실질심사 중 서울구치소에서 대기하며
사상 최초 삼성 총수의 구속 여부로 전 국민의 관심을 받고 있습니다.

싸다 싸

이재용 삼성전자 부회장이 뇌물공여 혐의로 서울중앙지법에서 영장실질심사를 받습니다.

특검은 박근혜 대통령이 이 부회장에게 재단 출연과 최순실 씨 모녀 지원을 요청했으며,

그 대가로 삼성물산과 제일모직의 합병 등 이 부회장의 경영권 승계를 도왔으므로 뇌물로 보는 게 타당하다고 주장하지만

이 부회장은 "삼성물산과 제일모직의 합병과 내 경영권 승계는 전혀 관련이 없다. 합병은 정상적인 절차를 밟아서 이뤄졌다"고

반박합니다.

공작왕

김기춘 전 대통령 비서실장과 조윤선 전 문화체육관광부 장관이 문화·예술계 블랙리스트 작성을 주도한 혐의로 구속됩니다.
5·16 장학회 첫 수혜자로서 유신헌법 제정에 참여하고 수많은 용공 간첩 조작 사건을 지휘하며
독재정권 유지에 핵심적 역할을 했던 김기춘 씨는 박근혜 정권을 통해 제2의 전성기를 누리려 했으나
노욕이 본인의 추한 실체만 드러낸 꼴이 되었습니다.

최순실 씨가 특검에 소환돼 호송차에서 내리며

"여기는 더 이상 민주주의 특검이 아닙니다. 박근혜 대통령과 경제공동체임을 밝히라고 자백을 강요하고 있다.

억울하다. 우리 아기들, 어린 손자까지 멸망시키겠다 그러고"라며 고함을 지릅니다.

국정농단 주범인 최 씨가 민주주의를 외치는 모습에 국민들은 어이가 없을 뿐입니다.

염병

최순실 씨가 "여기는 더 이상 민주주의 특검이 아니다"라고 고성을 지른 데 맞서
근처에서 근무 중이던 여성 환경미화원 임 모 씨가 "염병하네!"라고 외친 것에 대해 통쾌하다는 반응이 쏟아지고 있습니다.
매카시즘 바이러스를 퍼뜨리려는 세력들에 대한 날카로운 일침이었습니다.

염병을 해도

설 명절을 맞이하면서도 최순실 국정농단 사태로 뒤덮인 뉴스와 함께하는 국민들의 마음은 착잡하기만 합니다.
그럼에도 불구하고 수많은 국민의 노력으로 낡은 과거를 청산하고 새로운 시대를 열어가고 있습니다.

촛불

청와대가 삼성, 현대차, SK, LG 등 재벌 기업들의 돈을 받아
어버이연합, 엄마부대 등 보수, 극우 성향 단체들의 관제 데모를 지원한 사실이 특검 수사에서 드러납니다.
극우 단체들은 기업의 돈으로 세월호 유족 비난 집회나 박근혜 대통령 탄핵 반대 집회 등을 열었습니다.

보약

박근혜 대통령 측이 신청한 증인 8명을 헌법재판소가 받아들이고 2월 말까지 탄핵심판이 이어지게 되면서
많은 이들이 기대하던 2월 선고는 물 건너갑니다. 국정 공백 상태가 길어지고 예측 불가능의 암담한 현실이 이어지지만
나라를 사랑한다는 대통령의 버티기는 지칠 줄을 모릅니다.

휴전선은요?

비선 실세 최순실 씨를 비롯해 전직 비서실장, 장관, 차관 등 박근혜 정권의 핵심 인사들이 줄줄이 구속된 데 이어
이재용 삼성전자 부회장이 뇌물공여 혐의로 구속돼 79년 삼성 역사 최초로 그룹 총수가 구속되는 기록을 남기게 됩니다.
정경유착의 구태에 안주하며 권세를 누리기엔 세상이 많이 변했습니다.

김정은 북한 노동당 위원장의 이복형인 김정남이 말레이시아 쿠알라룸푸르공항에서 피살됩니다.
특수한 독극물에 의한 테러로 추정되는 이번 사건에 북한 대사관이 연루된 것으로 알려지면서
김정은 정권에 대한 국제사회의 비난 여론이 더욱 커지고 있습니다.

고개를 숙인 이유

탄핵심판 최종 변론 기일에 불참한 박근혜 대통령은 서면으로 자신은 탄핵당할 이유가 없다며 탄핵소추 사유를 반박합니다.

황교안 대통령 권한대행 국무총리는 특검 수사 연장 승인을 거부합니다.

최순실 국정농단에 대한 참회와 반성은 보이지 않고 탈출구만을 찾아나서는 뻔뻔한 행동으로 일관하고 있습니다.

순방 중

최순실 씨가 박근혜 대통령에게 서울 삼성동 자택을 구입해주고 박 대통령의 옷값도 대신 지불해주는 등
두 사람이 경제적 동반자 관계임이 특검 수사 결과 드러납니다.
또한 최 씨와 박 대통령은 미르·K스포츠재단을 공동 운영해온 경제 공동체였음이 밝혀지고 있습니다.

태극기의 용도

2017년 2월 7일

유모차

2017년 2월 27일

태극기

태극기의 용도
대통령 탄핵을 반대하는 집회에 태극기가 휘날리고 새누리당은 새로운 당 로고에 태극 문양을 넣겠다고 합니다.
권력자의 죄과를 덮으려 왜곡된 애국심에 이용해온 전통을 부활시키려 하고 있습니다.

유모차
친박 단체들의 태극기 집회가 나날이 격렬해지는 가운데
시위 현장에 유모차까지 끌고 나와 박근혜 탄핵 반대를 외치는 이들이 있습니다.
죄 없는 태극기와 어린아이들이 국정농단 세력의 방패막이가 되고 있습니다.

태극기
3·1운동 98주년을 맞아 거리에 걸린 태극기의 모습을 보는 시민들의 마음이 착잡합니다.
극우 단체들이 박근혜 탄핵 반대 집회에 태극기를 앞세우고 있기 때문입니다.
일제강점기에 태극기와 함께 목숨을 걸고 독립운동에 앞장섰던 선조들이 지하에서 통곡할 일입니다.

진실

청와대를 퇴거해 서울 삼성동 사저로 이동한 박근혜 전 대통령이 민경욱 전 대변인을 통해
"제게 주어졌던 대통령으로서의 소명을 끝까지 마무리하지 못해 죄송스럽게 생각한다.
저를 믿고 성원해주신 국민 여러분께 감사드린다. 이 모든 결과에 대해서는 제가 안고 가겠다.
시간이 걸리겠지만 진실은 반드시 밝혀진다고 믿고 있다"는 내용의 대국민 메시지를 던집니다.
박근혜 정권이 저지른 국정농단을 모두 밝혀내라는 촛불이 더욱 뜨겁게 타오르고 있습니다.

순간의 아픔

박근혜 전 대통령에게 파면을 선고한 이정미 헌법재판소장 권한대행이 퇴임식에서
'법의 도리는 처음에는 고통이 따르지만 나중에는 오래도록 이롭다'는 한비자의 글을 인용하며
"우리 헌법재판소는 엊그제 참으로 고통스럽고 어려운 결정을 했다. 진통의 아픔이 클지라도
우리는 헌법과 법치를 통해 더 성숙한 민주국가로 나아갈 수 있을 것이라 믿는다"고 말합니다.

안 돼

황교안 대통령 권한대행 국무총리가 한광옥 대통령 비서실장과 김관진 국가안보실장,
박흥렬 경호실장과 수석비서관 9명이 제출한 사표를 모두 반려합니다.
황 권한대행은 국정 공백 최소화를 위한다는 명분을 내세웠지만 야당은 탄핵 결정 불복에 동조한 것이라며 질타합니다.

봐주기 역사

국정농단 수사가 시작된 지 6개월여 만에 박근혜 전 대통령이 피의자 신분으로 검찰에 출석해 조사를 받게 됩니다.
국민들은 사상 초유의 탄핵 대통령 조사가 충실히 이루어지길 기대하고 있습니다.

울림머리

피의자 신분으로 검찰에 소환된 박근혜 전 대통령은 여전히 올림머리를 고수한 채 서울중앙지검 청사 포토라인에 섭니다.
정상적인 민주공화국을 열망하는 촛불의 힘이 국정농단의 죄를 지은 대통령을 탄핵시키고 법적 단죄의 길까지 열었지만
아직도 박근혜 공주를 모시고 싶은 지지자들은 검찰청 앞에서 태극기를 흔들며 탄핵 무효를 주장합니다.

종말론

검찰 특별수사본부가 박근혜 전 대통령에 대해 사전구속영장을 청구합니다.
특수본 관계자는 "피의자는 막강한 대통령의 지위와 권한을 이용해 기업으로부터 금품을 수수하게 하거나
기업 경영의 자유를 침해하는 등 권력 남용적 행태를 보였으며 중요한 공무상 비밀을 누설하는 등 사안이 매우 중대하다"며
구속영장 청구 이유를 밝힙니다.

대책

영장실질심사를 앞둔 박근혜 전 대통령의 구속 여부에 전 국민의 관심이 집중되고 있습니다.

헌정사상 처음으로 대통령 탄핵이 선고되고 구속까지 앞둔 상황이지만

박 전 대통령은 자신의 죄를 인정하지 않고 끝까지 버티며 정치적 돌파구를 찾는 모습을 보입니다.

얼마 만이냐

박근혜 전 대통령에게 뇌물수수 등의 혐의로 구속영장이 청구되고 박 전 대통령이 법원의 영장실질심사에 출석합니다.
국정농단 사건에 가장 큰 책임이 있는 박 전 대통령이 구속될지 지켜보는 국민들의 눈이 촛불처럼 타오릅니다.

직업

박근혜 전 대통령이 탄핵 이후 피고인 신분으로 재판정에 섭니다. 전직 대통령이 법정에 선 것은
1996년 전두환, 노태우 전 대통령에 이어 세 번째입니다.
박 전 대통령은 "박근혜 피고인, 직업이 어떻게 됩니까"라는 김 부장판사의 인정신문에 일어서서 "무직입니다"라고 답합니다.

30년

   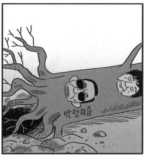

전두환 독재정권을 쓰러뜨리고 대통령 직선제 개헌을 이끌어냈던 6월 민주항쟁이 일어난 지 30년이 흘렀습니다.
30년이 지나 다시 타오른 시민들의 촛불은 우리 사회에 뿌리박혀 있던 군부독재 체제의 유산을
박근혜 정권과 함께 뽑아내려는 열망이었습니다.

슬슬

2017년 3월 24일

흔적

2017년 3월 27일

돌아서 가자

슬슬
세월호 선체 인양 작업을 시작한 지 이틀 만에 세월호 선체가 바다 위로 모습을 드러냅니다.
세월호 참사가 일어나고 3년 동안 선체 인양에 뜸을 들이던 정부가
박근혜 전 대통령 탄핵 5시간 만에 세월호 인양을 전격 결정한 것입니다.

흔적
인양된 세월호 선체의 처참한 모습이 국민들의 마음을 아프게 합니다.
이명박 정권의 탐욕적 규제 완화와 박근혜 정권의 무능함이 참혹한 결과를 불러왔습니다.

돌아서 가자
4·16 세월호 참사 3주기를 맞아 세월호 합동분향소를 찾는 추모객들의 발길이 이어집니다.
안산시, 진도 팽목항, 제주도 등 각지에서 세월호 희생자들을 추모하는 행사가 개최돼
대선 후보들을 비롯해 각계각층의 인사가 참여하고 많은 시민이 희생자의 넋을 위로합니다.

조작

문준용 씨 취업특혜 의혹 제보조작 사건을 수사 중인 검찰이
국민의당 관계자들을 소환해 윗선의 개입 여부를 조사하고 있습니다.
대선 당시 안철수 후보 포스터의 사진 조작으로 논란을 일으켰던 국민의당이 이젠 증거 조작 사건으로
창당 이래 최대의 위기를 맞습니다.

남긴 것들

박근혜 정부 정무수석실 행정요원이 사용하던 캐비닛에서 1,000여 건의 전 정부 문서가 발견됩니다.
삼성 및 문화계 블랙리스트 관련 내용과 위안부 합의와 세월호, 국정교과서 추진, 선거 등과 관련해
적법하지 않은 지시 사항이 포함돼 있는 것으로 알려집니다.

지켜야 한다

성추문으로 잠적해오던 윤창중 전 청와대 대변인이 촛불시위에 맞선 박사모 주최 보수 집회에 참석해
"침묵하는 우파 세력 여러분 모두가 들고 일어나야 한다. 박근혜 대통령이 무너지면 대한민국을 지킬 수 없다"고 주장합니다.
친일, 군사독재, 재벌 세력으로 이어지는 소수 지배 세력들이 민중을 억압하고 착취하는 구조를
대한민국이라 일컬으며 지키려 합니다.

기억이…

최순실 국조특위 제1차 청문회에 9명의 대기업 총수가 출석합니다.
이재용 삼성전자 부회장은 비선 실세 최순실의 존재를 언제 알았는지 묻는 의원들의 공세에
기억이 나지 않는다는 답변으로 일관하고 미르·K스포츠재단 출연금과
최순실 씨 딸 정유라 승마 지원 자금에 대한 대가성을 완강히 부인합니다.

분장정치

박정희 정권은 폭력을 앞세운 독재정치를 펼쳤지만 장악된 언론을 이용해 미화된 기록을 남겼습니다.
박근혜 정권 역시 그러한 왜곡된 기억으로 분장된 조폭 집단이었다는 사실이 드러나고 있습니다.

이준식 교육부총리가 국정 한국사 교과서 현장 적용을 1년간 유예하는 방침을 검토한 바 없으며 역사 교과서는
올바른 역사교육이 목적이므로 정치적 상황과 관계없이 추진돼야 한다는 입장을 밝힙니다.
박근혜 대통령의 탄핵소추안이 국회에서 가결됐음에도 국정교과서 강행의 뜻을 굽히지 않은 것입니다.
보수 세력들은 박 대통령의 질서 있는 퇴진을 요구하며 그들의 기득권이 보장되는 현재 시스템을 지속시키려 합니다.

송구합니다

한국의 대표 기업으로서 경제성장에 큰 역할을 한 삼성은 동시에 거대한 해악을 국민들에게 끼쳤습니다.
경영권 승계와 기업 합병 과정에서 저지른 탈법과 국민연금 피해 및 불공정 거래로 인한 시장 질서 파괴 등
무수한 악행을 저질러왔지만 공권력과 언론의 비호 덕에 법을 초월한 삼성왕국으로 군림하게 됐습니다.

네

네이버와 다음 등 거대 포털사이트가 정부 당국이 요청할 경우
실시간 급상승 검색어 순위에서 특정 키워드를 삭제할 수 있는 지침을 갖고 있는 것으로 확인됩니다.
특히 네이버는 자체 판단과 이용자 신고 등을 이유로 하루 수천 건에 이르는 자동완성·연관검색어를 제외하고 있으며,
대학이나 기업 등의 요청으로 특정 키워드를 제외해주기도 한 것으로 드러납니다.

개돼지

행정자치부가 저출산 극복 대책이라며 전국의 '가임기 여성' 수를 표시한 출산 지도를 제작해 발표합니다.
아이를 낳아 키우기 힘든 헬조선의 현실을 극복하고 인구 감소를 막는 것이 가임기 여성의 의무임을 강요하는 폭력 행위입니다.

튀자

최순실 게이트의 여파로 새누리당에서 개혁보수신당이 갈라져 나가고 새누리당은 당내 인적 청산 요구에 시달립니다.
인명진 비상대책위원장이 친박계를 겨냥해 자진 탈당 메시지를 보낸 후 이정현 전 대표가 탈당을 선언합니다.
인명진 위원장은 개혁보수신당을 향해서도 "나갔다고 해서 책임이 면제되는 것은 아니다"라고 말함으로써
김무성 전 대표를 조준합니다.

처지

조류독감으로 인한 가금류 살처분 규모가 3000만 마리를 넘어서는 등 축산 농가들이 어두운 새해를 맞이합니다.
박근혜 대통령은 신년 기자간담회를 열고 세월호 7시간 관련 해명을 늘어놓으면서
"작년인가, 재작년인가요? 그때 세월호 참사가 벌어졌는데…"라고 말해
박근혜 정권 기간 동안 국민이 어떤 상황에 처해 있었는지 알게 합니다.

기업 경영성과 평가 사이트 CEO스코어에 따르면

한국은 40명 중 25명(62.5%)이 상속을 통해 부를 물려받아 상속형 부자 비중이 가장 높았고

미국, 중국 ,일본은 상속 부호 비중이 10명 중 3명 이하인 것으로 조사됩니다. 금수저 천국임이 다시 한 번 확인됩니다.

이리 떼

우리 식구

국익을 위해

이리 떼
성낙인 서울대 총장이 2017학년도 입학식사를 통해 "최근 서울대인들은 부끄러운 모습으로 더 많이 회자된다"며 자성의 목소리를 냅니다. 국정농단에 연루된 주요 인사 대부분이 서울대 출신들로 서울대 공화국의 폐해를 보여주고 있는 가운데 책임감이 결여되고 특권 의식으로 뭉친 한국 엘리트 집단에 대한 비난 여론이 거세어지고 있습니다.

우리 식구
우병우 전 청와대 민정수석에 대한 구속영장이 또 기각돼 검찰의 부실 수사 논란이 재점화되고 검사 출신 우 전 수석에 대한 제 식구 감싸기라는 비난이 다시 터져 나오고 있습니다.

국익을 위해
이명박 정부 시절 자행된 문화계 블랙리스트와 국정원 댓글 공작에 대한 수사가 진행되는 가운데 이명박 전 대통령이 페이스북을 통해 "전전 정부를 둘러싸고 적폐 청산이라는 미명하에 일어나고 있는 사태를 지켜보고 있다. 국익을 해칠 뿐 아니라 결국 성공하지도 못한다"라며 반발합니다. 그러나 국익을 위해서는 인권을 해치고 문화를 말살한 범법 행위에 대해 공정한 법 집행이 이루어져야 한다는 여론이 지배적입니다.

요람에서 무덤까지

사망자 73명을 포함해 피해자 181명을 불러온 가습기 살균제 제조사의 임직원들이 재판에서 유죄를 선고받습니다.

그러나 외국인 존 리 전 대표(현 구글코리아 사장)는 모든 혐의에 무죄판결을 받습니다.

참사를 불러온 기업의 대표는 처벌받지 않고 희생자들만 개돼지의 죽음과 같은 대우를 받고 있습니다.

사면 사세요

대기업 총수의 사면은 없다는 공약을 내세웠던 박근혜 대통령이
2015년 최태원 SK회장의 사면을 거래했다는 내용의 녹음 파일이 특검 수사팀에 의해 밝혀집니다.
박 대통령은 최 회장에게 사면 후 숙제를 당부했고 최 회장은 출소 후 미르재단에 68억 원, K스포츠재단에 43억 원을 냅니다.

30년 전과 오늘

2017년 1월 14일은 고 박종철 열사의 30주기가 되는 날이었습니다.
전국 각지에서 박 열사의 추모식과 함께 제12차 촛불집회가 열려 시민들은 1987년 민주항쟁과 민주주의의 의미를 되새깁니다.

힘내라우

삼성전자가 지난해 4분기 영업이익 9조 2000억 원을 기록해 역대급 규모의 실적을 달성했다는 소식입니다.
서민들은 위대하신 공화국 기업의 업적을 멀리서 바라보며 고난의 행군을 지속하고 있습니다.

그들은 몰랐던 것

뇌물공여 등의 혐의로 구속된 이재용 삼성전자 부회장이 포승줄에 묶이고 수갑을 찬 채
특검에 소환되는 모습이 국민들에게 공개됩니다. 법 위에 군림하며 거칠 것 없이 살아온 삼성왕국의 총수에게는
사람의 행동을 제약하는 포승줄이 낯설 수밖에 없습니다.

한국의 사드 배치가 현실화되면서 중국의 보복 공세가 본격화됩니다.
중국 관광객들의 한국 여행 중단으로 관광산업이 직격탄을 맞고
사드 부지를 맞교환한 롯데는 중국에서 영업정지를 당하는 등 피해 규모가 커지고 있습니다.
사드 배치와 중국의 보복 등 격랑 속으로 빠져들고 있지만 한국의 정부는 아무런 대책이 없어 보입니다.

군침

더불어민주당을 제외한 자유한국당, 국민의당, 바른정당 등 3당이 단일 헌법 개정안을 마련하기로 합의합니다.
이들 3당은 분권형 대통령제 도입 등을 주요 내용으로 하는 개헌안을 국회 본회의 의결을 거쳐
대통령 선거와 함께 국민투표에 부치기로 결정합니다.
그러나 국민들의 눈에는 정권 교체가 예상되는 정치적 격변기에서 자신들의 정치생명을 연장하려는 술수로 비칠 뿐입니다.

푹신

박근혜-최순실 게이트를 수사 중인 검찰이
청와대나 박근혜 전 대통령의 삼성동 자택을 추가 압수수색하지 않겠다는 입장을 밝힙니다.
국정농단 세력에 대한 단죄와 청산의 길이 멀고도 험한 길임을 예고하고 있습니다.

가여우신 공주님

최순실 게이트 등으로 파면된 박근혜 전 대통령이 결국 구속 수감되지만
정치권에서는 벌써부터 사면 이야기가 흘러나옵니다.
부패하고 야만적인 정권의 지배하에서 흘린 국민들의 피눈물은 아직 마르지도 않았는데
공주님을 위한 동정의 눈물을 강요하고 있습니다.

변화

김상조 신임 공정거래위원장이 대기업의 위장 계열사 운영과 일감 몰아주기 병폐를 제1호 조사 대상으로 지목하고
4대 그룹은 더 엄격하게 판단하겠다고 밝힌 가운데 삼성이 국내 최대 건축설계 회사인 삼우종합건축사사무소를
수십 년간 위장 계열사로 운영했다는 증거들이 확인됩니다.
어쩔 수 없는 현실로 받아들이며 고통과 희생을 감수해야 했던 문제들도 스스로의 힘으로 벗어던질 수 있다는 사실을
촛불시민들은 이미 확인한 바 있습니다.

괜찮아요

병원과 의사

제국의 쇠퇴

괜찮아요
도널드 트럼프 미국 대통령이 〈월스트리트저널〉과의 인터뷰에서
시진핑 중국 주석이 한국은 중국의 일부였다고 말했다고 전해 한국 국민들이 분노하고 있습니다.
트럼프 대통령의 생각 없는 발언은 한국민에 대한 미국의 무례한 행동 중 극히 일부에 불과합니다.

병원과 의사
경찰이 쏜 물대포에 쓰러진 뒤 서울대병원에서 317일간 투병 끝에 사망한 백남기 농민의 사망 원인을 '병사'라고 진단해
거센 비난을 받았던 서울대병원이 판정 9개월 만에 '외인사'로 수정합니다. 병원 측은 정권이 바뀌어
사망 원인을 바꾸었다는 의혹은 사실이 아니라고 해명하지만 국민들의 눈엔 궁색해 보일 뿐입니다.

제국의 쇠퇴
문재인 대통령 취임 후 처음으로 열린 한미 정상회담에서 도널드 트럼프 미국 대통령은 FTA 재협상과 무역 불균형 개선을
강조하며 미국이 보호무역주의의 길에 들어섰음을 드러냅니다. 무한정 찍어낼 수 있는 달러를 기축통화로 하는
자유무역 세계경제체제에서 누리는 미국의 특권이 한 사업가, 권력자에 의해 버려질 위기에 처해 있습니다.

독

2017년 6월 23일

국정기획자문위원회가 새 정부의 통신비 인하 이행 방안을 발표하지만 기본료 폐지를 실현하지 못한 것은 심각한 공약 후퇴라는 지적이 나오고 있습니다. 그러나 25퍼센트 요금 할인을 포함한 정부의 통신비 절감 대책에 대해 이동통신업계는 오히려 "통신사에 과도한 부담을 지우는 것"이라며 거세게 반발하고 효력 정지 가처분 신청을 비롯해 법적 대응도 불사하겠다는 입장입니다.

예수님 위

2년간의 종교인 과세법 유예기간이 종료되는 2018년 1월부터 종교인 소득에 대한 과세가 시행되는 가운데
김진표 국정기획위원장이 종교인 과세 시점을 다시 2년 유예하는 소득세법 개정안을 발의하겠다고 해 논란이 되고 있습니다.
종교인들은 일부 종교계를 중심으로 종교인 과세를 강력히 반대하지만 헌법이 모든 국민에게
동등한 세금 부담의 의무를 규정하고 있는 만큼 종교인이라고 담세에서 예외가 될 수는 없다는 여론입니다.

깃발 아래

피자 가맹점에 재료를 공급하면서 친인척의 업체를 강제로 거치게 해 50억 원대의 부당 이익을 챙기고
업주들이 새 피자 가게를 열면 인근에 미스터피자 직영점을 내 저가 공세를 펴는 등의 갑질을 행한
미스터피자 정우현 전 MP그룹 회장이 횡령, 배임 등의 혐의로 구속됩니다.
호식이두마리치킨 회장의 성추행 사건에 이어 미스터피자의 갑질 행각이 드러나면서
국내 프랜차이즈 업계의 갑질 관행을 뿌리 뽑아야 한다는 요구가 거세게 일고 있습니다.

배우 윤손하의 자녀와 한 대기업 회장 손자가 연루된 학교 폭력 사건을 서울 숭의초등학교가 은폐, 축소한 사실이 드러납니다.
학생 4명이 같은 반 학생 한 명을 장난감 야구방망이로 구타하는 등 학교 폭력 사건이 일어났지만
학교 측이 가해자로 지목된 대기업 총수 손자를 자치위원회 심의 대상에서 누락하고
생활지도 권고 대상에서도 제외했다는 것입니다.

채찍

기업과 친기업 언론들이 최저 시급 인상에 대해 반발하고 나섭니다.
채용 축소나 감원, 파산 등 혼란이 불가피해질 것이라는 입장을 내놓으며 정부를 압박하고
최저임금위원회의 해산을 촉구하는 등 고강도 대응도 불사하고 있습니다.
많은 기업들이 경영 쇄신에 대한 노력 없이 인건비 절감에 의존하는 경영 방식을 고수하고자 합니다.

몸종

박찬주 육군 대장 부부가 공관병에게 전자팔찌를 채우고 호출 벨을 눌러 물 떠오기 등의 잡일을 시키며 몸종으로 부리는 등 갑질을 해온 사실이 드러나 지탄을 받고 있습니다.

군에 팽배한 공관병 노예 부리기의 일각이 노출된 것이라며 군 개혁에 박차를 가하라는 요구가 거셉니다.

광복

정권 교체 후 맞이하는 광복절에 나라와 민족에 대한 의미를 새로이 생각하게 됩니다.
친일과 독재에 대한 부역이 금수저를 낳아온 역사를 극복하고
대다수 민중이 이끄는 나라를 만들어가는 진정한 광복을 꿈꾸는 날입니다.

애들은 가라

강원랜드, 우리은행 등의 채용 비리가 취업난에 허덕이는 청년들을 절망감에 빠트립니다.
강원랜드의 2012~2013년도 신입 사원 198명 중 대다수가 국회의원, 권력기관 등에 줄을 댄 청탁 입사자이고
우리은행 최종 합격자 150명 중 16명이 특채된 금융감독 기관이나 국정원, 고액 고객 자녀인 것으로 알려집니다.

트로피

2017년 3월 2일

발가락

2017년 7월 31일

리스트

트로피

한국대중음악상 시상식에서 최우수 포크 노래상을 수상한 뮤지션 이랑이 수상 소감으로 "제가 살고 있는 집 월세가
50만 원이니 이 트로피의 경매 시작가는 50만 원으로 하겠다"며 트로피를 경매에 부쳐 화제가 됩니다.
그의 수상 소감은 한국의 예술가들이 겪고 있는 척박한 현실을 다시 한 번 생각하게 해주었습니다.

발가락

박근혜 전 대통령의 수족을 자임했던 조윤선 전 문체부 장관이 문화계 인사 블랙리스트 관여 혐의에 대해 무죄판결을 받고
국회 청문회에서의 위증 부분만 일부 유죄로 인정돼 징역 1년에 집행유예 2년을 선고받아 석방됩니다.
박 전 대통령은 다음 날 병원에서 치료를 받아 통증에 시달리던 발가락을 회복합니다.
헬조선은 아직 적폐 청산 촛불의 열기를 필요로 하고 있습니다.

리스트

이명박 정부 시절 작성된 문화·예술인 블랙리스트 사건에 대한 본격 수사가 시작됩니다. 정부를 비판하고 반대한다는 죄로
예술 활동을 방해하고 퇴출시키던 이명박 정권의 만행이 단죄될지 국민들은 지켜보고 있습니다.

3장

장미 대선을 지나,
적폐의 언덕을 넘어

총으로 흥한 가문

박근혜 대통령에 대한 탄핵 결정이 임박하고 벚꽃대선이 점쳐지는 가운데 대선 주자들의 행보에 대한 관심도 커지고 있습니다.
문재인 더불어민주당 전 대표가 굳건하게 지지율 1위를 지키고 안희정 충북도지사와 이재명 성남시장이 부상하고 있습니다.
여권이 차기 유력 후보로 기대하던 반기문 전 유엔사무총장은 여론의 악화를 막지 못하고 출마를 포기한 상황입니다.
그럼에도 희대의 국정농단 사태에 책임이 있는 집권 세력은 그 수명을 연장하려는 야욕을 버리지 않고 있습니다.

선의

대권 레이스에서 문재인 더불어민주당 전 대표에 이어 2위로 부상하고 있는 안희정 충남도지사가 대연정을 주장하며
보수층을 겨냥한 행보를 보이는 가운데 박근혜 대통령과 이명박 전 대통령에 대해
"선한 의지로 좋은 정치를 하려고 했겠지만 뜻대로 안 됐던 것"이라고 말해 파문이 일고 있습니다.
안 지사는 "어떤 선의라도 법과 원칙이 지켜지지 않으면 안 된다는 것이 진의"라고 해명합니다.

가래

안철수 국민의당 전 대표가 목소리 톤을 바꾸며 이미지 변신을 꾀하는 가운데
네티즌들은 가래톤, 루이 안스트롱 등의 표현을 동원해 뜨거운 관심을 보이고 있습니다.
가래톤으로 가래가 끓으면 마침 출간된 전두환 회고록에 뱉어주는 강한 모습을 보여주기 바라는 마음입니다.

통합

문재인 더불어민주당 대통령 후보가 본선 첫 행보로 현충원을 찾아 전직 대통령 묘역을 참배합니다.
문 후보는 김대중, 김영삼 전 대통령 묘역은 물론 이승만, 박정희 전 대통령 묘역까지 모두 참배하고
방명록에도 '공정하고 정의로운 대한민국! 국민 모두의 대통령!'이라고 적어 적폐 청산과 국민 통합의 의지를 보여줍니다.
안철수 국민의당 후보 또한 전직 대통령들의 묘소를 모두 참배하며 국민 통합을 강조합니다.

계속해보시오

박근혜 정부의 사드 배치 방침에 대해 전면 재검토를 요구하며 사드 배치를 반대해오던 안철수 후보가
상황이 바뀌었다면서 사드 배치를 찬성한다고 밝힙니다.
성주에 내려가 사드 저지를 약속한 국민의당은 안 후보의 입장 돌변에 대해 침묵하고
사드를 찬성해온 바른정당 등은 보수표 이탈을 의식한 듯 선거용 발언이라며 비난합니다.

칼빈슨

미 국방부가 북한의 미사일 도발 위협에 대한 경고 차원으로
핵항모 칼빈슨호를 한반도 해역으로 이동 배치한다고 알려 한반도에 긴장의 파도가 몰아칩니다.
그러나 이후 칼빈슨호는 한국 쪽이 아닌 인도네시아 해역에 있었던 것으로 알려져
미국의 허세 작전이었다는 분석이 나옵니다.

물철수

미국이 칼빈슨호의 선수를 급히 한반도 해역으로 돌린다는 소식이 확산되고 SNS상에서는 4월 전쟁설이 유포되는 등 대선을 앞둔 한국에 위기감이 고조되고 안보 정국이 형성되는 양상입니다.

위기 상황일수록 개인적 철학과 노선이 확고하지 못한 정치인은 눈앞의 표를 의식한 오락가락 행보를 보이게 됩니다.

이게 아니구나

사상 초유의 대통령 탄핵으로 앞당겨 치르게 된 대선에 국민들의 관심이 뜨겁습니다.
적폐 청산과 함께 새로운 대한민국 건설이라는 시대적 요구를 짊어진 대선입니다.

흥분제

문재인 더불어민주당 대통령 후보가 2007년 참여정부 시절 유엔의 북한인권결의안 찬반 여부를 북한에 미리 물었다는
송민순 문건이 다시 불거지고 있습니다.
선거를 앞두고 어김없이 레드 콤플렉스를 자극하는 매카시즘이 고개를 듭니다.
그러나 19대 대선은 시민들의 촛불로 쟁취해낸 선거인 만큼 구시대적 북풍에 흔들리지 않는 강인한 모습을 보이고 있습니다.

무관심의 결과

대선을 앞두고 후보들의 검증이 이뤄지는 가운데 홍준표 자유한국당 대통령 후보가 2005년 펴낸 자서전에서
대학 시절 돼지흥분제를 이용한 친구의 성범죄 모의를 방조했다는 사실이 큰 관심을 끌고 있습니다.
'돼지흥분제'가 한 주간 가장 관심을 모은 트위터 키워드에 선정되기도 합니다.

과연 그럴까?

젊은 시절 강간 모의를 했다는 자서전 내용이 선거기간에 불거져 곤혹을 치를 줄 알았던
홍준표 자유한국당 대통령 후보의 지지율이 상승하고 있습니다.
파면된 박근혜 전 대통령을 용서하자는 홍 후보가 특정 지역을 중심으로 노동자 농민들의 지지를 얻는 모습에서
한국 사회의 안타까운 현실을 읽을 수 있습니다.

꿩 대신 닭

대선을 열흘 남짓 남기고 문재인 더불어민주당 후보가 부동의 1위 자리를 지키고 있는 가운데
나머지 후보들이 2위 자리를 두고 경합하는 판세입니다.
보수표를 공략하던 안철수 국민의당 후보의 지지율이 하락세를 지속하면서
보수층의 표심이 홍준표 자유한국당 후보로 옮겨가는 움직임입니다.

이판사판

홍준표 자유한국당 대통령 후보의 지지율이 상승하고 유승민 바른정당 후보의 지지율이 정체 중인 가운데
바른정당 소속 12명이 바른정당을 탈당하고 자유한국당에 입당 원서를 제출합니다.
이들 중 김성태 의원은 "박근혜, 최순실과 함께했던 자유한국당은 역사와 국민 앞에 사죄하고 스스로 소멸해야 한다.
바른정당은 과거 청산과 적폐 청산, 패권 청산의 길에 앞장설 것"이라고 주장한 바 있습니다.

못 참아

19대 대선 사전 투표율이 26퍼센트를 넘겨 기록적인 열기를 보여주고 있습니다.
박근혜 정부의 국정농단과 구시대적 정치에 대한 분노를 담은 촛불이 아직 꺼지지 않았음을 알 수 있게 합니다.

강적

2016년 12월 21일

찬바람

2017년 7월 5일

아군

강적
한국의 보수 정권이 위기에 몰릴 때마다 북풍을 불어주며 도움을 줬던 북한이 한국 보수 정권 최대 위기 상황인 요즘 조용합니다. 한국 보수 정치 세력을 멸망의 길로 이끌고 있는 박근혜 정권은 북한 정권마저도 포기한 듯합니다.

찬바람
북한이 대륙간탄도미사일(ICBM) 화성-14형 시험 발사에 성공했다고 발표해 충격을 주고 있습니다. 북한이 ICBM 발사에 성공할 경우 미국 본토 타격 능력이 있는 미사일 개발에 들어섰음을 의미하게 돼 동북아 정세에 큰 파장이 일어납니다.

아군
공관병을 몸종처럼 부리고 학대를 일삼은 것으로 알려진 육군 대장 박찬주 제2작전사령관의 부인이 군 검찰에 소환되고 박 대장도 조사를 앞두고 있습니다. 각종 비리와 추문으로 얼룩진 채 국방력을 약화시키고 있는 군 장성들 덕에 단잠을 이루는 사람이 있습니다.

어쩌나

대선을 하루 앞둔 어버이날입니다. 선거 때만 되면 부모 세대와 자식 세대 간에 갈등이 빚어지곤 했지만
촛불로 만들어진 이번 대선은 여느 대선과 다른 분위기를 만들고 있습니다.

투표

촛불혁명은 국정농단 세력뿐 아니라 구시대의 제왕적 권좌까지 함께 대한민국에서 끌어내린 사건이었습니다.
험난한 길이 되더라도 민중의 요구를 받들어 새 시대를 개척해나갈 일꾼을 고르는 날입니다.

눈물과 촛불

나라다운 나라에서 살고 싶다는 국민들의 염원이 정권 교체를 이뤄냈습니다.

당선의 기쁨을 누릴 여유도 없이 바로 집무를 시작하는 문재인 대통령의 표정에서 무거운 책임감이 느껴집니다.

레이저의 역습

문재인 대통령의 파격 행보가 실시간으로 관심을 받고 있습니다. 새 청와대 민정수석에는 검찰 출신이 아닌

진보 성향의 조국 서울대 법학전문대학원 교수가 발탁돼 검찰 조직에 대한 대수술을 예고합니다.

국민에 의해 선출된 대통령이 대다수 국민이 바라는 대로 업무를 수행한다는 것이 아직은 놀라운 사건으로 느껴지는 봄입니다.

공주에서 머슴으로

이명박–박근혜 정권은 개발독재로 대표되는 박정희식 리더십을 내세우며 탄생했습니다.
그러나 국민들은 9년간 비싼 수업료를 치르며 박정희 패러다임의 실체를 체험했고
21세기 한국에 걸맞은 새로운 리더를 선택했습니다. 낡은 체제를 청산하고 새로운 사회를 건설함에 있어서
새 대통령은 물론이고 민주주의 공화국 주권자들의 어깨가 무겁습니다.

큰일 났네

문재인 대통령이 대선 공약 실천에 속도를 내고 있습니다.
대통령 직속 일자리위원회 설치, 국정 역사 교과서 폐지, 5·18 기념식서 〈임을 위한 행진곡〉 제창 지시를 잇달아 내리고
미세먼지 감축 응급 대책으로 노후 석탄화력발전소 8기에 대해 일시적 가동 중단을 지시합니다.
공약을 내걸고 선출된 공직자의 당연한 업무 수행에 감동을 받게 되는 현실입니다.

탈권위

문재인 대통령이 손수 재킷을 벗고 청와대 구내식당에서 직원들과 점심을 함께 먹거나
테이크아웃 커피를 들고 청와대 경내를 산책하는 등 소탈한 모습으로 화제가 되고 있습니다.
베일에 싸인 채 소통을 거부하고 권위적 통치로 일관했던 전 정권과 대비되어 국민들에게 더욱 신선한 모습으로 다가옵니다.

준비된 개혁

문재인 정부 초대 공정거래위원장에 재벌 개혁 운동에 매진해온 대표적인 진보 경제학자인 김상조 한성대 교수가 내정돼
재벌 개혁에 대한 기대가 커지고 있습니다. 국가보훈처장에는 최초로 여군 영관급 출신인 피우진 예비역 중령이 임명됩니다.
변화에 대한 갈망의 목소리에 화답하는 파격 인사가 이어지고 있습니다.

권력

문재인 대통령이 등산할 때 입고 있던 주황색 재킷이 큰 관심을 끌면서
해당 업체가 옷을 재출시하기로 결정할 정도로 문 대통령의 인기가 하늘을 찌르고 있습니다.
촛불혁명은 권력이 국민으로부터 나오는 시대를 열었고 국민이 위임한 권력을 제대로 사용하는 대통령을 기대하고 있습니다.

별일 없겠… 응?

문재인 대통령은 대선 전 일각에서 우유부단하고 카리스마가 부족한 정치인이라는 평도 들었으나
대통령 업무를 수행하면서 보여주는 과감성으로 놀라움을 주고 있습니다.
박정희식의 강한 리더십을 기대했던 박근혜 정권이 사상 최악의 무능함을 보여준 사실과 함께
진정한 리더십은 국민들과 공감하고 소통하는 자세에서 나오는 것임을 확인할 수 있습니다.

연기는 어려워

힘 난다

반기자마자

연기는 어려워
반기문 전 유엔사무총장이 10년 임기를 마치고 귀국해 유력 대선 주자로서 이벤트를 벌이지만 본인이 턱받이를 하고
요양 봉사를 하거나 성묘 중 퇴주잔을 다 마셔버리는 등 우리의 문화와 정서로는 이해하기 어려운 모습을 보이고
있습니다. 나라를 위해 한 몸 불사르겠다는 각오로도 한국의 평범한 생활 방식을 따르기는 힘들었던 모양입니다.

힘 난다
반기문 캠프에 합류한 이동관 전 청와대 홍보수석이 이명박 정권 시절 해직된 언론인들에 대해
"제가 언론 장악을 했다는 것도 사실이 아니지만 그분들은 노조 활동을 하면서 회사 내에서도 여러 가지 충돌이
많았던 분들"이라며 "해직 사유를 갖고 일했기 때문에 해직되지 않았을까요?"라고 주장합니다.

반기자마자
범여권의 기대를 받으며 귀국한 이후 대선 도전에 강한 의지를 불태워오던 반기문 전 유엔사무총장이 대권 행보
20일 만에 중도 하차합니다. 반 전 총장은 "제가 주도해 정치 교체를 이루고 국가 통합을 이루려던 순수한 뜻을 접겠다"며
갑자기 불출마를 선언해 반 전 총장을 통해 보수 정권의 지속을 꾀하던 이들에게 큰 실망감을 안겨주고 있습니다.

탈

문재인 대통령이 4대강에 있는 보를 상시 개방하고 4대강 사업 정책 결정 및 집행 과정에 대한 정책 감사를 진행할 것을 지시합니다. 청와대가 정책 감사에서 불법행위나 비리가 나타날 경우 그에 상응하는 처리를 한다는 방침을 세운 만큼 감사 결과에 따라 이명박 정부에 대한 수사로 이어질 수 있어 이명박 전 대통령 측은 긴장하는 모습입니다.

차별

겉옷 손수 벗고

내 월급으로 밥 사먹고

커피 내 손으로 가져다 먹는 사람이

대통령 됐다고? 그 나라도 사람 차별 심하다고 들었는데

김무성 바른정당 의원이 여행을 마치고 서울 김포공항을 통해 입국할 때 입국장 문을 빠져나오면서
수행원을 쳐다보지 않은 채 여행 가방을 밀어 보내는 장면이 포착돼 이른바 '노 룩 패스'로 불리며 큰 화제를 불러일으킵니다.
김무성 의원의 노 룩 패스 장면은 우리 사회의 특권계층에 뿌리 깊게 자리 잡고 있는 권위 의식을 잘 보여주고 있습니다.

소처럼

박형철 민정수석실 반부패비서관이 부당노동행위를 벌인 갑을오토텍의 사 측을 변호했던 경력이 논란이 된 데 이어
김앤장법률사무소의 가습기 살균제 제조업체 대리인이었던 이인걸 변호사가 반부패비서관실 선임행정관에 내정돼
우려의 목소리가 나오고 있습니다. 더디더라도 적폐 청산을 향한 발걸음이 흔들리지 않길 바라는 민심의 목소리입니다.

그럽습니다

국방부가 사드 발사대 4기 추가 반입을 대통령에게 보고하지 않았다는 사실이 밝혀져
문재인 대통령이 진상 조사를 지시하고 정국에 파문이 입니다.
많은 국민은 사드 배치 보고 누락 사건을 계기로 대대적인 국방 개혁이 진행되길 바라고 있습니다.

고인 물

이명박 정부 시절의 4대강 사업으로 심화된 녹조에 대한 대책으로 4대강 수문을 개방합니다.
정부는 낙동강의 강정고령보 등 4개, 금강의 공주보, 영산강 죽산보 등 6개 보의 수문을 상시 개방한다고 알립니다.
막힌 물줄기가 터지듯 우리 사회의 고인 물도 터져 나가길 기대합니다.

미국교

대선 패배 직후 미국으로 출국했던 홍준표 전 경남도지사가 귀국합니다.

입국장엔 홍 전 지사를 지지하는 수백 명의 사람들이 마중 나와 태극기와 성조기를 흔들며 "홍준표"를 연호합니다.

보수를 표방하는 집단에서 태극기와 함께 성조기를 흔드는 광경을 자주 보게 됩니다.

미국에 대한 맹목적 추종이 사회 각 분야에서 발견되는 현실입니다.

색깔

문재인 대통령이 현충일을 맞아 국립서울현충원에서 열린 추념식에서
"한 구의 유골이라도 반드시 찾아내 이곳에 모셔 명예를 지켜드리겠다"며 "전쟁의 후유증을 치유하기보다
전쟁의 경험을 통치의 수단으로 삼았던 이념의 정치, 편 가르기 정치를 청산하겠다"고 말합니다.
국민들은 대통령의 말대로 지긋지긋한 색깔론이 사라지길 기대하고 있습니다.

막아주실 거야

문재인 정부의 첫 국방부 장관에 송영무 전 해군참모총장이 지명됩니다.
육군사관학교 출신이 독식하던 국방부 장관에 개혁 선봉장으로 평가되는 비육군 출신이 발탁돼 육군은 긴장하고 있습니다.

용기와 충성

문재인 대통령이 김상조 한성대 교수를 신임 공정거래위원장에 임명합니다.
야당의 반대로 김 위원장의 청문보고서 채택 시한인 전날까지 합의에 실패해 인사청문보고서 채택 없이 임명을 강행합니다.

주사

문재인 대통령이 인사 문제 등에도 불구하고 80퍼센트가 넘는 지지율을 유지하고 있습니다.
이명박근혜 정권하에서 억눌렸던 민주주의에 대한 욕구와 적폐 청산을 향한 갈망이 주사액처럼 뿜어져 나옵니다.

예측과 결과

삼성전자의 올해 2분기 영업이익이 14조 원을 돌파해 사상 최대 기록을 달성합니다.
기업 총수의 구속이 한국 경제에 악영향을 끼칠 것이라는 여러 전문가들의 분석도
이재용 삼성전자 부회장이 수감돼 있는 서울구치소 앞에서는 흘러간 옛 노래일 뿐입니다.

몰아주자

추미애 더불어민주당 대표의 "박지원 책임 회피는 머리 자르기"라는 발언 이후 국민의당이 "추 자(字)가 들어간 것은
모두 안 된다"며 추경안 불가 입장을 냅니다. 이언주 국민의당 의원은 파업 중인 급식조리사들을 향해 "미친놈들"이라며
"밥하는 아줌마가 왜 정규직화돼야 하냐"는 막말을 해 질타를 받습니다. 제보 조작 사건과 관련해 입장을 밝히지 않은 채
잠수 중이던 안철수 국민의당 전 대표는 속초의 한 맛집에서 네티즌의 사진에 포착돼 화제가 되고 있습니다.

적폐 청산 정부

문재인 정부가 적폐 청산과 반부패 개혁을 전면에 내세운 100대 국정과제를 발표합니다.

문재인 대통령은 새 정부의 국정운영 계획은 주권자인 국민의 참여 속에 만들어졌으며 새로운 대한민국으로 향하는 설계도가 되고 나침반이 될 것이라고 설명하며 곧 새 정부 국정운영의 얼개를 완성하고 속도감 있게 실천해가겠다는 다짐을 밝힙니다.

극소수 특권층을 위해 다수의 국민들을 짓누르던 헬조선을 탈출하자는 촛불의 염원은 더욱 간절하게 불타고 있습니다.

강풍론

북한이 ICBM 시험 발사를 성공시키고 문재인 대통령의 한반도 평화구상인 '베를린 구상'은 위기를 맞습니다.
사드 배치에 대해 비판적 입장이었던 문 대통령은 사드 발사대 4기 임시 배치를 지시합니다.

텅

예술

가족 같아서

텅
소재를 찾지 못해 사설 현상금까지 내걸렸던 우병우 전 민정수석이 제5차 국정농단 청문회에 모습을 드러내지만
국정농단 묵인, 세월호 참사 당시 수사 압력, 아들의 의무경찰 보직 특혜 의혹 등에 대해 모르쇠로 일관합니다.
분노하는 국민들은 안중에도 없는 표정입니다.

예술
권력과 언론이 재벌의 장단에 춤추고 나라를 망친 주범들은 청문회에서 모르쇠로 일관합니다.
재벌은 엄살 부리기로 위기를 모면합니다. 끈질기게 전수해오는 그들의 생존 방식입니다.

가족 같아서
박찬주 대장의 부인이 공관병에게 가혹행위를 한 혐의로 군 검찰에 소환되며 기자의 질문에
"아들 같다는 마음으로 대했는데 상처를 줘 미안하다. 조사에 성실히 임하겠다"고 말해 공분을 사고 있습니다.
장병들이 아들 같다는 이유로 갑질에 시달리고 여성은 딸 같다는 이유로 성희롱에 시달리는 헬조선입니다.

우표

문재인 대통령 취임 100일 기념우표가 발행되자 우체국마다 우표를 구입하기 위한 시민들이 새벽부터 몰려들고
인터넷우체국에서 판매하는 기념우표 16만 장은 2시간 만에 완판되는 등 문 대통령의 인기를 실감하고 있습니다.
적폐 청산에 대한 기대가 뜨거운 나날입니다.

그들이 믿는 것

2017년 8월 23일

종교인 과세를 유예하는 법안을 대표 발의했던 김진표 더불어민주당 의원이 이번엔 종교 기관에 대해선
탈세가 의심되더라도 세무 당국이 세무조사를 하지 않고 종단을 통해 조사하도록 해야 한다는 입장을 밝힙니다.
대형 교회들이 예수님보다 더 믿음을 가지는 인물입니다.

지나간 시절

원세훈 전 국가정보원장이 국가정보원 여론조작 사건으로 징역 4년을 선고받으면서
이명박 대통령에 대한 철저한 수사를 촉구하는 목소리가 더욱 높아지고 있습니다.
검찰은 댓글 부대인 사이버 외곽팀의 관계자를 연일 소환해 윗선의 지시 여부를 조사합니다.
늦었지만 전전 정권이 지은 죄에 대한 처벌이 이루어지고 있습니다.

레이저

안철수 국민의당 대표가 청와대와 여당의 김이수 헌법재판소장 후보자 인준 부결 비난 공세에 대해
"2013년 미래부 장관 후보자가 낙마하자 박근혜 전 대통령이 국회와 국민을 향해 레이저 빔을 쏘며 비난한 일이 떠오른다"며
"이것이야말로 제왕적 권력의 민낯이자 없어져야 할 적폐"라고 주장합니다.
그러나 대다수 국민은 문재인 정권의 적폐 청산 드라이브에 기대를 하고 있는 상황입니다.

그네와 박

국정원 문화계 블랙리스트, 댓글 공작, 친정부 매체 광고 지원 및 특정 단체에 관제 데모 사주 등 묵혀뒀던
이명박 정권의 각종 악행들이 터져 나옵니다.
국민이 부여한 권력을 사유화해 도리어 국민을 억압해온 이명박 정권에게는 이제 그 죄에 대한 처벌만이 기다리고 있습니다.

축하

독일의 공익 재단인 프리드리히 에버트 재단이 박근혜 정권 퇴진 촛불집회에 참여한 1000만 국민을
'2017 에버트 인권상' 수상자로 선정했다는 소식이 날아듭니다.
에버트 재단은 "민주적 참여권의 평화적 행사와 평화적 집회의 자유는 민주주의의 필수적인 구성 요소이며,
한국 국민의 촛불집회는 이 중요한 사실을 전 세계 시민에게 각인시키는 계기가 됐다"고 선정 이유를 밝힙니다.

생억지

박근혜 전 대통령이 구속 연장 후 첫 공판에 출석해 자신에 대한 모든 혐의를 부인하며
"법치의 이름을 빌린 정치 보복은 제게서 마침표가 찍어졌으면 한다. 이 사건의 역사적 멍에와 책임은 제가 지고 가겠다.
모든 책임은 저에게 묻고 저로 인해 법정에 선 공직자와 기업인에게는 관용이 있길 바란다"고 말합니다.
국민들이 요구하는 적폐 청산을 정치 보복으로 규정해 국민들을 또다시 분노하게 만들고 있습니다.

한 걸음

홍종학 중소벤처기업부 장관 후보자의 인사청문회를 앞두고 그가 1998년에 펴낸 《삼수, 사수를 해서라도 서울대에 가라》는 책의 제목과 함께 "명문 대학을 나오지 않은 사람들에게는 세계의 천재와 경쟁해나갈 수 있는 근본적인 소양이 없다"는 등 노골적 학벌주의를 드러낸 내용이 논란이 됩니다. 이 책이 출간된 지 20년이 지난 지금의 대한민국 사회에도 극복해야 할 학벌주의가 뿌리 깊이 박혀 있습니다.

겉과 속

순수하신분

청렴하신분

최태민일가 재산
특검이 밝힌 것만
수천억

혈맹 만세

공주마마~

혈맹 만세~

미국무기
최대수입국

일본이 가장 중요한 동맹

미국무장관

731

무서운 것

결과 속

특검팀이 최순실 게이트 수사 결과를 발표하면서 최태민 일가의 재산이 2730억 원이고
최순실 씨의 재산은 230억 원에 달한다는 사실을 확인합니다. 박근혜-최순실 게이트의 뿌리인 최태민 씨의 부정 축재는
박정희 정권의 부도덕성이 만들어낸 것입니다.

혈맹 만세

한, 중, 일을 순방 중인 렉스 틸러슨 미국 국무장관이 한국 방문을 마치고 중국으로 가는 비행기 안에서 기자에게
"일본은 이 지역에서 미국에 가장 중요한 동맹국이다"라며 미일 동맹을 한미 동맹보다 우위에 두는 발언을 해 논란이 됩니다.
그럼에도 미국에는 한국 정부의 짝사랑이 변치 않을 것이라는 믿음이 있습니다.

무서운 것

강원 철원 군부대 사격장 인근에서 육군 일병이 갑자기 날아든 총탄에 맞아 사망하는 사건이 일어납니다.
군 당국은 사건 원인을 도비탄으로 섣불리 추정하지만 조사 결과 인근 사격장에서 직선거리로 날아온 유탄에 의해
사망한 것으로 확인됩니다. 무능한 군의 관리 소홀로 또 한 명의 장병이 희생된 사건에 국민들은 분노하고 있습니다.

4장
다시 만난 세계,
우리는 잘 있습니까

부대

박근혜 대통령이 인천시청을 방문했을 때 인천시장실 화장실 변기를 뜯고 새 변기로 교체한 사건이 드러나고,
박 대통령이 방문했던 군부대에서도 부대장 집무실의 화장실 변기를 교체했다는 주장이 나옵니다.
이 밖에도 2013년 영국 순방 당시에는 하룻밤 묵는 호텔의 침대 매트리스를 교체하고 화장대 옆에 조명등과 장막 설치를
요구한 사실이 드러납니다. 일반인들은 이해할 수 없는 공주님의 괴이한 행태가 혀를 차게 만들고 있습니다.

우리의 힘으로

촛불의 힘을 확인했던 2016년이 지나고 새해가 밝았습니다.
새해는 저절로 오는 것이 아니라 스스로의 힘으로 만들어나가는 것입니다.
부당하게 빼앗긴 우리의 복, 새해엔 우리의 힘으로 많이 되찾았으면 하는 바람입니다.

낳아라 죽여라

문화계 블랙리스트의 존재를 부인해오던 조윤선 문체부 장관이 최순실 국조특위 제7차 청문회에서
결국 예술인들의 지원을 배제하는 명단은 있었던 것으로 판단된다고 실토합니다.
한 나라의 문화 예술을 소중히 가꾸고 지원해야 할 의무를 저버리고 정권의 요구에 따르는 사냥개였음을 자인한 것입니다.

권력은 짧지만

박영수 특검 수사팀이 이재용 삼성전자 부회장에게 뇌물공여 혐의 등을 적용해 청구한 구속영장을 법원이 기각함으로써
이 부회장은 특검 사무실에 출두한 이후 21시간 만에 귀가합니다.
시민들은 죄지은 재벌 회장의 당당한 귀갓길 옆에서 씁쓸함을 금치 못합니다.

땡깡

통계청이 발표한 2016년 출생·사망통계 결과를 보면 지난해 출생아 수는 40만 6,300명으로
1년 전(43만 8,400명)보다 3만 2,100명(7.3%) 줄었습니다.
10년 넘게 80조 원을 투입한 저출산 대책이 효과를 얻지 못하고 지난해 출생아는 역대 가장 적었으며
합계 출산율은 OECD 최하위권을 벗어나지 못한 채 7년 전 수준으로 돌아간 것으로 조사됩니다.

어둠은 빛을 이기지 못한다

헌법재판소가 재판관 전원 일치의 의견으로 박근혜 대통령의 탄핵을 결정합니다.
헌정사상 최초로 대통령이 파면됨으로써 자신의 소임을 다하지 않고 나라의 법을 따르지 않는 자격 미달의 공직자는
최고 권력의 대통령일지라도 임기가 보장될 수 없음을 역사에 기록하게 되었습니다.
민중들의 힘으로 새로운 아침을 열고 있습니다.

미세먼지

꽃피는 봄철에 어김없이 찾아오는 극심한 미세먼지로 시민들의 고통이 큽니다.
서울의 공기 질이 세계 주요 도시 중 인도의 뉴델리에 이어 두 번째로 나쁘다는 소식과 함께
미세먼지에 들어있는 발암물질이 흡연보다 건강에 더 해롭다는 이야기가 시민들을 더욱 우울하게 만들고 있습니다.

억울

삼성 뇌물 혐의 첫 공판에 출석한 최순실 씨가 대한민국은 법치주의가 안 돼 있으며 너무 억울해 죽고 싶다는 심경을 토로합니다.
지금까지 대한민국이 보여준 유전무죄 무전유죄 법치주의를 생각하면 억울할 만합니다.

보약

한국의 기득권세력

미국 충성 사고

요즘 촛불때문에 얼굴이 많이 상했네

이거 한번 맞아봐

사드배치

한반도 긴장은 우리기득권연장의 보약

형제

이게 다 아들같아서

THAAD

이게 다 형제같아서 지켜주려고

사슬

보약
한국 정부와 미국이 예고도 없이 사드 발사대를 기습적으로 반입합니다. 이는 한국에서 조기 대선이 진행돼 정권이 바뀌더라도
뒤집을 수 없도록 박근혜 대통령의 탄핵 선고 이전에 사드 배치를 시작하겠다는 전략인 것으로 풀이되고 있습니다.

형제
경북 성주 사드 기지의 전자파, 소음 측정 작업 결과 기준치 이하인 것으로 확인됐지만
주민들은 정부가 구체적인 측정 방식을 공개하지 않아 신뢰할 수 없고 여전히 사드 배치를 수용할 수 없다는 입장입니다.
태평양 건너 강대국의 동북아 전략을 위한 무기 배치 때문에 국민들이 힘든 나날을 보내고 있습니다.

사슬
사드 배치 결정 이후 1년 2개월 만에 주한 미군의 사드 배치가 사실상 마무리됩니다. 반대 시위자들이
끈으로 몸을 서로 이어 묶고 일부는 쇠사슬로 자기 몸을 차량에 연결해 저항하지만 모두 강제해산되고 맙니다.
한국을 감시견으로 MD(미사일 방어 체제)에 묶으려는 미국의 압박과 사드 배치에 대한 보복에 나서는 중국,
동북아의 긴장을 높여가는 북의 도발 등 한국민을 둘러싼 악재들을 헤쳐 나갈 지혜가 필요한 때입니다.

전환

촛불혁명은 박근혜 정권의 국정농단을 심판함과 동시에 민중의 주권을 확인하는 사건이었습니다.
촛불로 이끌어낸 조기 대선은 군림하는 지도자를 옹립하는 구체제를 벗어나
주체적 시민 의식으로 대리인을 선출하는 진정한 민주공화국 체제로 정착하는 과정이 되기를 요구합니다.

설거지

차기 정권은 지난 정권이 남긴 비리와 병폐를 씻어내고 사회시스템을 정상화해야 한다는 무거운 의무를 지게 됩니다.
권력자들이 불법적이고 부도덕한 방식으로 얻은 이익을 환수하고 그들에게 응당한 처벌을 내려야
국민들은 나라를 되살리는 작업에 호응할 것입니다.
범법자들은 용서하고 애꿎은 민중들만 설거지에 동원돼온 역사는 이제 그만 반복되어야 합니다.

가방

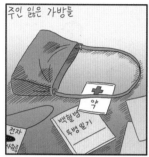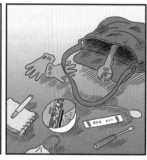

세월호 선내 수색을 통해 희생자들의 교복과 학생증, 여행용 가방 등 유류품이 발견되면서 안타까움을 주고 있습니다.
단원고 2학년 8반 고 백승현 군의 여행용 가방, 지갑, 학생증, 수학여행 여비로 부모가 쥐여준 5만 원 등이
참사 1,103일 만에 가족 품으로 돌아갔습니다.

노 프라블럼

노동절은 유급 휴일이지만 정규직은 33퍼센트, 비정규직은 거의 절반에 가까운 48퍼센트가 출근하는 것으로 조사됩니다.
2015년 기준으로 한국 근로자의 1인당 연간 근로시간은 2,113시간으로 멕시코(2,246시간)를 제외하면 가장 길고
한국 근로자는 OECD 회원국 평균인 1,766시간보다 347시간 더 오래 일합니다.

먼저 갑니다

경남 거제 삼성중공업에서 크레인 충돌 사고로 하청 비정규직 노동자 6명이 목숨을 잃고 25명이 부상을 당합니다.
희망찬 미래를 약속하는 대선 후보들의 목소리가 울려 퍼지는 하늘 아래엔 노동절 휴일에도 위험을 무릅쓰고 일하다
참사를 당하는 비정규직 노동자들의 현실이 있습니다.

시민 국가의 문

시민들이 촛불혁명을 통해 얻어낸 조기 대선으로 새 대통령을 선출하고 정권 교체를 이루어냈습니다.
이 나라의 주권은 국민에게 있다는 사실을 확인하는 선거였습니다.

갑질

19세 비정규직 청년 노동자가 구의역에서 지하철 스크린도어를 수리하다 사망한 지 1년이 지났습니다.

지금도 안전장치 없는 산업 현장에서 수많은 비정규 하청 노동자들이 목숨을 건 노동을 헐값에 제공하고 있습니다.

여론과 테러

국민에게 수많은 항의 문자메시지를 받은 야당 국회의원들이 문자폭탄이라며 불만을 표시하고 있습니다.
표창원 더불어민주당 의원은 "욕설, 모욕, 악의적 허위 사실 유포를 제외한 국민의 연락 행위는 당연한 주권자의 권리"라며
이를 옹호했으나, 이언주 국민의당 의원은 이를 '문자 테러'라고 부르며 '민주주의 유린'이라고까지 말해
문자메시지에 대한 상반된 시각을 보여줍니다.

도깨비 나라

이영렬 전 서울중앙지검장이 식사 자리에서 법무부 검찰과장과 형사기획과장에게 100만 원이 들어 있는 봉투를
격려금 명목으로 지급한 '돈 봉투 만찬 사건'에 대해 법무부·검찰 합동감찰반이 감찰 결과를 발표하면서
만찬 당시 주고받은 돈의 출처는 모두 특수활동비로 확인됐다고 밝힙니다.
법무부는 특수활동비 사용에 대한 대대적인 점검에 들어갑니다.

붕괴

진보 언론으로 분류되는 신문들에 네티즌들의 불만이 쏟아집니다.
〈한겨레〉, 〈경향신문〉, 오마이뉴스 3개 언론은 '한경오'로 일컬어지며 보도 내용과 편집 방향에 대해
사나운 질책을 받고 있습니다. 시대 변화에 따라 언론의 변화가 요구되는 시절입니다.

문정인 특보가 미국 워싱턴 D.C.에서 열린 동아시아재단–우드로윌슨센터 공동 세미나에서
"북한이 핵, 미사일 활동을 중단한다면 미국과 논의를 통해 한미 합동 군사훈련을 축소할 수 있다"고 발언해
보수 진영의 공격을 받습니다. 자유한국당은 "한미 동맹의 심각한 균열을 초래하고, 북한과 중국이 줄곧 주장해온
입장을 대변한 말"이라며 색깔 공세를 폅니다.

나도 말할 수 있다

몇몇 언론사 또는 지식인 그룹이 여론을 주도하던 시대가 지나가고
트위터와 페이스북, 팟캐스트 등을 통해 수많은 개인이 각각 다양한 의견을 표출하는 것이 가능한 세상이 되었습니다.
이러한 미디어 환경의 변화가 참여 민주주의의 발달을 가져오고 소수 엘리트가 아닌
시민 주도의 사회를 이루길 기대하고 있습니다.

되풀이되는 비극

안양의 우체국 집배원이 과중한 업무를 이기지 못하고 분신자살하는 사건이 큰 슬픔을 안깁니다.
한국의 대기업이 세계적으로 성장하고 사상 최고의 실적이 하늘을 찌르는 가운데 이 땅의 노동자들은
여전히 40여 년 전 전태일 노동자가 분신해야 했던 참혹한 과거의 사슬에 묶여 있습니다.

최저임금

2018년도 시간당 최저임금이 올해보다 16.4퍼센트 오른 7,530원으로 결정됩니다.

노동자들은 환영하는 분위기이지만 일각에서는 인건비 부담을 지게 된 영세 사업자들을 앞세워 우려의 목소리를 내고 있습니다.

최저임금은 우리 사회의 경제 수준을 보여줄 뿐 아니라 인권과 노동에 대한 의식 수준을 드러내기도 합니다.

최저임금 상승은 우리 사회가 점차 황금만능주의를 탈피하고 사람 중심의 가치관을 늘려가는 데 주춧돌의 역할을 할 수 있습니다.

조직

내 알바비‥

공동체를 위해 포기해라

내가 왜 제보조작죄를 모조리‥

조직을 위해 뒤집어 써라

수뇌부 책임

꿇은 이유

제보조작

사과

그럼 탈당이나 정계은퇴를‥?

이사람들아 내가 무릎을 꿇은 이유는‥

갑철수

조직
국민의당이 문재인 대통령 아들의 취업 특혜 의혹 제보를 조작한 사건에 대해 검찰은 당원 이유미 씨와 이준서 전 최고위원 등이 주도한 범행이며 박지원 전 대표와 안철수 전 대표 등 당 지도부의 관여는 없었다는 수사 결과를 발표합니다.
거짓과 조작을 일삼는 구시대적 공작 정치를 되풀이하려는 반역사적 범죄가 개인의 일탈 행위로 마무리됩니다.

꿇은 이유
안철수 전 대표가 국민의당 대표 출마를 선언합니다.
안 전 대표는 지난 대선 때 벌어진 문준용 씨 의혹 제보 조작사건과 관련해 "정치적, 도의적 책임은 전적으로 후보였던 제게 있다. 모든 것을 내려놓고 원점에서 반성하겠다"고 사과한 지 보름여 만에 당 대표 선거에 나섭니다.

갑철수
바른정당은 김무성 의원과 유승민 의원이 입맞춤하는 장면으로 당이 화합과 결속을 다져나가고 있음을 과시합니다.
그러나 김이수 헌법재판소장 후보자 임명동의안을 부결시킨 국민의당과 자유한국당은
더욱 애정 어린 장면을 연출하고 있습니다.

혼밥

음식 평론가 황교익 씨가 현대인들 사이에서 늘어가는 혼밥 문화에 대해 사회적 자폐라는 표현을 동원해
부정적 입장을 밝힌 것이 논란이 됩니다.
1인 가구가 증가하고 집단주의에서 개인주의로 변화하는 시대 변화 속에서
혼밥 문화는 부정적으로 보거나 배척할 수 있는 문제가 아닐 것입니다.

부잣집 개가 되어라

시은소교회 김성길 원로목사가 설교 중에 4성장군 관저에 배치된 공관병은 각종 훈련이 다 열외고 짬밥을 먹지 않는다면서
개들도 부잣집 개가 낫다고 발언해 물의를 빚고 있습니다.
부자가 천국에 들어가기 힘들다는 예수님의 말씀은 개나 줘버리라는 목회자가 많은 슬픈 현실입니다.

더 많이

살충제 계란 파문은 먹거리에 대한 고민을 이끌어냅니다.
농축산 마피아의 문제뿐 아니라 공장식 축산의 야만적 실태, 그리고 대량생산과 대량 소비를 추구하는
소비사회시스템에 무거운 메시지를 던집니다.

안 봐도 돼

대법원이 제1심, 제2심 선고를 생중계할 수 있도록 규칙을 개정하면서
국정농단의 주역들에 대한 세기의 재판을 목격할 수 있을 것이란 시민들의 기대가 컸으나
법원은 "공공의 이익을 위해 상당하다고 인정하기 어렵다"며 이재용 삼성전자 부회장에 대한 선고 공판의
촬영 및 중계를 불허하기로 결정합니다.

북핵과 철근

세월호 화물칸에서 철근이 계속 발견돼 지금까지 나온 철근이 300톤을 넘깁니다.
세월호 현장수습본부는 세월호에 모두 426톤이 실려 있었을 것으로 추산합니다.
최대 987톤의 화물 적재를 승인받은 세월호에는 출항 당시 모두 2,215톤의 화물이 실려 있었던 것으로 추정돼
세월호 침몰과 과적의 연관성이 주목을 받습니다. 박주민 더불어민주당 의원의 주장과 관련해
특조위는 "410톤의 철근이 실려 있었으며, 이 중 일부가 제주해군기지로 가는 것으로 확인됐다"고 밝힌 바 있습니다.

즐거운 사라

소설가 마광수 전 연세대 국문과 교수가 자택에서 숨진 채 발견됩니다.
마 전 교수는 연세대 국문과 교수 시절 발간한 소설 《즐거운 사라》가 외설 논란에 휩싸이면서 구속돼
사회적 파장을 낳은 바 있습니다.

역대급 셀카

2017 프레지던츠컵에 미국 대표로 참가한 필 미켈슨이
미국의 전직 대통령 빌 클린턴과 조지 W. 부시, 버락 오바마와 함께 찍은 셀카를 자신의 트위터에 공개해
세계적인 관심을 끕니다. 한국의 전직 대통령들도 함께할 날이 다가오고 있습니다.

추석

올해 추석은 주말과 임시공휴일을 합쳐 총 10일을 쉴 수 있는 역대 최장의 황금연휴입니다.
고향을 찾는 이들은 여유로운 귀성길에 오르고 공항은 해외여행을 떠나는 사람들로 인산인해를 이루지만
수많은 비정규직과 서비스업종, 택배 관련 노동자들, 그리고 영세 자영업자들은 연휴 기간에도 생계를 위해 땀을 흘립니다.

발광

이언주 국민의당 의원이 서울 여의도 불꽃축제와 관련해 "저도 평소 축제를 좋아하지만
지금처럼 나라 운명이 풍전등화인데 막대한 혈세를 들여 불꽃축제 하며 흥청망청하는 게 이해가 가지 않는다"며
한화그룹이 주최하는 불꽃축제를 혈세 낭비라고 지적해 구설수에 오릅니다.
우일식 국민의당 디지털소통위원장은 안철수 대표를 비판한 누리꾼에게 "지롤발광"이라고 막말 대응을 해 공분을 사고 있습니다.

개 팔자

유명 한식당 한일관의 대표가 이웃집에서 기르는 목줄 없는 반려견에 물린 후 6일 만에 패혈증으로 사망해 충격을 줍니다.
이 사건으로 맹견의 관리 규정에 대한 요구가 빗발치고 있습니다.

생선

직권남용 혐의로 재판 중인 우병우 전 청와대 민정수석이 불법 사찰 및 국정원 비선 보고 등 새로이 드러난 혐의로
출국금지를 당하고 검찰 재수사가 시작됩니다.
미꾸라지처럼 자유롭게 법을 주무르며 권세를 누리던 우 전 수석도 이제 그의 사단과 함께 도마 위의 생선이 되었습니다.

촛불 1년

박근혜 정권의 국정농단을 규탄하며 타오르기 시작해 대통령 탄핵과 구속을 이끌어냈던 촛불혁명이 1주년을 맞습니다.
촛불혁명 1주년을 기념하는 행사가 서울 광화문 광장과 여의도에서 열리며
적폐 청산과 사회 대개혁을 촉구하는 촛불이 다시 타오릅니다.

5장

권력은 달콤하고,
보수는 갈대와 같아라

물에 빠지면…

유력한 대선 주자로 떠오른 반기문 유엔사무총장의 귀국을 앞두고 보수 정치 세력의 기대가 큽니다.
최순실 게이트와 대통령 탄핵으로 정권 교체의 가능성이 높아진 가운데
현 집권당인 새누리당은 지푸라기라도 잡는 심정으로 반 총장에 구애를 펼칩니다.
그러나 기름장어로 불리는 반 총장의 행보는 장어처럼 갈피를 잡기 힘든 상황입니다.

공주

영화 〈스타워즈〉에서 레아 공주 역을 맡았던 배우 캐리피셔가 향년 60세로 별세합니다.
1977년 스타워즈가 탄생한 지 40년 가까이 흐른 지금도 드넓은 우주를 배경으로 펼쳐진 레아 공주의 신비감은
올드팬들의 가슴속에 남아 있습니다.

분노는 북으로

홍준표 자유한국당 대통령 후보가 세월호 참사 3주기 추모 행사에 주요 5당 대선 후보 중 유일하게 불참합니다.
홍 후보는 게다가 "정치권에서 세월호 사건을 얼마나 많이 우려먹었느냐. 정치권 인사들이 거기서 얼쩡대며
정치에 이용하려는 행동은 더는 안 했으면 하기에 저는 안 가기로 했다"고 말해 지탄을 받습니다.

좌파

한국에서 진보 좌파로 분류되는 정당이 소수자 인권 및 경제, 안보 문제에서 보수적 입장을 보이거나 불분명한 노선을
걷는 경우가 많아 유권자들이 혼란에 빠집니다. 부패한 집단이 자신들의 범죄를 밝히려는 자들에게 좌파라는 누명을 씌우고
자신들은 보수 우파라는 상대적 지위를 획득해 먹고산 오랜 세월 동안 비논리적 분류가 상식처럼 굳어졌습니다.

날 좀 보소

김무성 바른정당 의원이 공항에서 수행원에게 캐리어를 밀어 던져주는
일명 '노 룩 패스' 장면이 전 세계적으로 관심을 받습니다.
정권 교체 이후 대한민국에 불고 있는 탈권위 바람에도 꿋꿋하게 전통적 갑질 문화의 힘을 과시하고 있습니다.

시대는 바뀌어도

박영수 특검팀에서 대변인 역할을 맡았던 이규철 전 특검보가
신동주 전 롯데홀딩스 부회장의 변호인으로 선임돼 논란을 빚습니다.
이후 국민들의 비판이 이어지면서 이규철 변호사는 특검팀에 누를 끼칠 수 없다며 롯데그룹 일가 변호를 맡지 않기로 합니다.

요때다

왜 나만 갖고 그래?

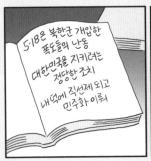

요때다
전두환 전 대통령이 자화자찬을 늘어놓은 회고록을 펴내 비난을 받습니다. 자신이 10·26 이후 최태민 씨를
전방의 군부대에 격리시켰으며 박근혜 의원의 대권 도전을 만류했다고 주장합니다. 또한 우리 경제가 단군 이래의 호황을
누릴 수 있게 만들었고 박정희 전 대통령이 미완으로 남긴 조국 근대화의 과업을 완성시켰다고 자평합니다.

왜 나만 갖고 그래?
출판과 배포가 금지된 《전두환 회고록》 1권이 여러 경로를 통해 판매되고 있는 것으로 밝혀져 시민들이 씁쓸함을 감추지
못합니다. 법원은 5·18과 관련된 사실을 왜곡한 내용을 수정하거나 삭제하지 않고 회고록을 출판하거나 배포할 경우
전두환 전 대통령 측이 5·18 단체 등에 1회당 500만 원을 지급할 것을 명령한 바 있습니다.

그때 그 시절
5·18민주화운동 당시 광주에 투입된 계엄군에게 실탄 130만 발과 수류탄 4,900여 발, TNT와 대전차 로켓 등
전쟁 대비 규모의 살상 무기가 지급된 사실이 확인됩니다. 전두환 씨의 주장인 자위권 발동이 아니라 차지철 씨가 남긴
"캄보디아선 300만을 죽여도 까딱없었다"는 망언대로 자행된 학살극이었다는 사실이 드러나고 있습니다.

주사파

홍준표 전 경남도지사가 SNS에 "주사파 정권에 맞서기 위해서는 그들 못지않은 이념적 무장이 필요하다"라는 발언을 남겨 물의를 빚고 있습니다. 촛불에도 타지 않고 끈질기게 살아남은 색깔론입니다.

슬쩍

더불어민주당이 허욱 전 CBSi 사장을 방통위원으로 결정한 것에 대해 언론계가 반발하고 있습니다.
80년대 해직언론인협의회와 새언론포럼은 성명을 통해 "허욱 씨는 2001년 CBS 파업 당시 파업에 참가한
대다수 동료 조합원들에게 등을 돌리고 경영진에 붙어 지탄을 받았던 경력의 소유자"라며
"공영방송의 정상화와 종편의 폐해 시정에 기여할 수 있는 인사가 선임돼야 한다"고 주장합니다.

발목

바른정당 새 당 대표로 이혜훈 의원이 선출됩니다. 이혜훈 대표는 진영에 매몰되어
사사건건 반대하는 발목 잡는 정치를 하지 않고 새로운 개혁 보수 정당의 길을 가겠다는 포부를 밝힙니다.
그러나 지금 야당들의 처지는 남의 발목을 잡을 만한 힘조차 국민들로부터 부여받지 못하는 실정입니다

그립습니다

지난 대선 기간 문재인 대통령의 아들 문준용 씨의 고용정보원 입사 특혜 의혹 관련 제보 내용을 조작한 혐의로
국민의당 당원 이유미 씨가 검찰에 긴급 체포되고 이준서 전 국민의당 최고위원은 출국금지돼 파문이 일고 있습니다.
이유미 씨는 지시로 한 일이라고 주장하고 있지만
개인이 증거를 조작하면서까지 대선 공작을 했다는 것은 믿기 어려운 일이라는 반응입니다.

모른다니까

수감 중인 김기춘 전 대통령 비서실장이 공판에서 진행된 피고인 신문을 통해
"과거 왕조 시대에서 망한 정권이나 왕조의 도승지를 했으면 사약을 받지 않았는가. 탄핵받고 완전히 무너진 대통령을
제가 보좌했는데, 가능하다면 재판할 것도 없이 사약을 받으라며 독배를 들이밀면 깨끗이 마시고 끝내고 싶다"라고 말합니다.
그러나 문화계 블랙리스트에 대해서는 명단을 본 적도 없고, 전혀 알지 못한다며 전면 부인합니다.

쥐

충북이 사상 최악의 수해로 고통을 받는 가운데 외유성 유럽 연수에 나선 김학철 충북도의원이
외유를 비판하는 여론을 쥐에 비유하는 막말을 해 거센 비난을 받고 있습니다.
김 의원은 "세월호부터도 그렇고, 국민들이 이상한, 제가 봤을 때는 뭐 레밍 같다는 생각이 드네요.
집단행동하는 설치류 있잖아요"라고 발언합니다.

알

위안

살려내라

알

이명박, 박근혜 정권에서 승승장구하며 정권의 나팔수 역할을 하다 박근혜 탄핵안 가결 이후
황교안 권한대행 체제에서 사장으로 선임된 김장겸 MBC 사장에 대한 퇴진 요구가 거셉니다. 공영방송을 망친 주범이자
국정농단 정권이 물러나기 전 남긴 '알박기' 사장이라는 비판 속에도 꿋꿋이 자리 지키기 투쟁을 벌이고 있습니다.

위안

MBC 노조가 사장의 사퇴를 요구하며 전면 파업에 나서지만 김장겸 사장은 문재인 대통령이 지난 10년간 공영방송이
무너졌다는 발언을 하고 여당 인사가 언론 노조의 직접행동을 부추기는 듯한 발언을 한 탓이라며
"불법적이고 폭압적인 방식에 밀려, 저를 비롯한 경영진이 퇴진하는 일은 절대로 없을 것"이라고 강조합니다.

살려내라

김장겸 MBC 사장이 부당노동행위 혐의로 체포영장을 발부받자 홍준표 자유한국당 대표는
계엄하의 군사독재 정권도 자행하지 않았던 방송 파괴 공작이라며 정기국회 보이콧 등 모든 방법을 동원해 언론 탄압
음모를 온몸으로 막을 것이라고 대정부 투쟁을 선포합니다. 자유한국당의 전신인 새누리당이 움찔할 강력한 경고입니다.

폭탄

정부와 여당이 재벌 기업과 최상위 고소득자에 대한 법인세율과 소득세율 인상을 골자로 하는
부자 증세에 대한 논의에 시동을 겁니다.
보수 야당 및 기업들은 세금 폭탄이라며 반대하고 있어 국회 통과까지 험로가 예상됩니다.

갓뚜기

문재인 대통령과 기업인들의 대화에 참석 대상으로 선정된 15개 기업에 중견 기업 오뚜기가 포함돼 화제가 되고 있습니다.
청와대 관계자는 "대기업 중심으로만 모이는 것보다 변화를 주고 싶어 초청했다.
오뚜기는 상생 협력, 일자리 창출 등에서 모범적인 기업이기 때문에 초청해서 격려를 하고자 했다"고 전합니다.

불쌍해

자유한국당이 담뱃값을 4,500원에서 2,500원으로 2,000원 내리는 내용의
'담뱃세 인하 법안'을 발의하기로 해 논란을 일으킵니다.
자유한국당의 담뱃세 인하 법안 발의는 증세를 추진하는 정부와 여당에 대한 역공으로도 해석되고 있습니다.

개들

국회조찬기도회장인 김진표 등 여야 의원 28명이 내년 1월 시행하기로 한
종교인 소득에 대한 과세를 2년 연기하는 내용의 소득세법 개정안을 국회에 제출합니다.
종교인 과세가 이미 2년 동안 유예됐는데 또다시 미루려는 시도에 반대 여론이 빗발치고 있습니다.

꼬리

박기영 과학기술정보통신부 과학기술혁신본부장이 11년 전 황우석 박사의 논문 조작 사태에 연루된 것으로 알려져
과학계를 중심으로 사퇴 요구가 거세게 일고 있습니다.
그러나 박 본부장은 "일할 기회를 주신다면 혼신의 노력을 다하겠으며 일로써 보답하고 싶다"며 사퇴할 뜻이 없음을 강조합니다.

레드 콤플렉스

정권 교체 후 맞이하는 광복절에 나라와 민족에 대한 의미를 새로이 생각하게 됩니다.
친일과 독재에 대한 부역이 금수저를 낳아온 역사를 극복하고
대다수 민중이 이끄는 나라를 만들어가는 진정한 광복을 꿈꾸는 날입니다.

살려야 한다

이재용 삼성전자 부회장이 제1심 재판에서 뇌물공여 및 횡령, 재산국외도피 혐의 등으로 징역 5년을 선고받습니다.
시민들의 촛불투쟁이 대한민국 제일의 성역으로 군림해오던 삼성 재벌 총수의 징역형 선고까지 이끌어냈지만
정경유착과 경제 질서 파괴로 수많은 국민에게 끼친 해악에 비해 지나치게 낮은 형량이라는 탄식이 나오고 있습니다.

이승만박정희즘

박성진 중소벤처기업부 장관 후보자의 창조과학회 이사 활동 전력과 뉴라이트 역사관 옹호 행적이 밝혀져 논란이 되고 있습니다.
이명박근혜 정권을 거치며 훼손된 역사관을 정권 교체를 통해 바로 세우리라는 기대에 찬물을 끼얹는 인선입니다.

수고 많습네다

2017년 6월 22일

박정희즘

2017년 7월 27일

농피아

수고 많습네다

검찰 개혁의 요구가 거센 가운데 돈 봉투 만찬 파문이 채 가라앉기도 전에 부장검사가 향응을 받은 사실이 적발됩니다.
대검찰청 감찰본부가 300만 원 상당의 향응을 받은 고검 검사와 여검사 등을 성희롱한 부장검사에 대해 법무부에
징계면직을 청구합니다. 면직된 검사는 2년 동안 변호사 개업이 제한되지만 연금은 삭감되지 않습니다.

박정희즘

이언주 국민의당 의원이 최저임금 인상에 대한 반대 입장을 밝혀 물의를 빚고 있습니다.
이 의원은 "저도 아르바이트하면서 사장님이 망해 월급을 떼인 적도 있다. 그런데 사장님이 살아야 저도 산다는 생각에서,
노동청에 고발하지 않았다"며 노동자의 희생을 강요하는 구시대적 시각을 드러냅니다.

농피아

살충제 계란 파문이 친환경 농산물 인증 기관의 부실 인증 논란으로 확대되고 있습니다. 또한 이번 사건의 배후에도
전직 공무원 출신인 농축산 마피아가 똬리를 틀고 있었다는 사실에 소비자들은 분노하고 있습니다.
거짓된 포장으로 사람들을 속이고 사리사욕을 챙기는 적폐 행위는 그 뿌리가 깊습니다.

영원하리

북한 조선중앙통신이 "조선노동당의 전략적 핵무력 건설 구상에 따라 우리 핵 과학자들은 우리나라 북부 핵 시험장에서 대륙간탄도로케트 장착용 수소탄 시험을 성공적으로 단행했다"며 제6차 핵실험 성공을 발표합니다.
북한의 위협이 높아지면서 일본 아베 신조 총리 내각 지지율은 39퍼센트로 상승했다는 보도가 나옵니다.

남긴 것

지난해 상위 1퍼센트가 보유한 주택이 총 90만 6,000채로 한 명당 평균 6.5채의 주택을 보유한 것으로 조사됩니다.
이는 2007년 조사 당시 상위 1퍼센트가 보유한 37만 채보다 2.5배가량 늘어난 수준으로
1인당 평균 보유 주택 수가 9년 동안 3.2채에서 6.5채로 두 배가 늘어난 것입니다.
이전 정부의 부동산 규제 완화정책은 심각한 소득 불평등을 남겼습니다.

종교와 과학

박성진 중기부 장관 후보자가 1948년 정부 수립을 '건국'으로 보고 이승만 정부가 자유민주주의 체제 수립을 위해
독재가 불가피했다는 주장을 펼친 사실이 드러나 장관 후보로서 부적격하다는 주장이 지배적입니다.
게다가 인사청문회에서는 지구 나이를 신앙적으로 6,000년이라고 생각한다는 답변을 하는 등
여당에서도 청문보고서 채택에 부정적 기류가 우세해지고 있습니다.

오라버님

이명박 정권 시절 자행된 국정원의 공작 정치와 방송 장악, 각종 비리 의혹에 대한 청산 요구가 거세게 일고 있습니다.
박근혜 정권의 적폐는 이명박 정권으로부터 시작되었다며
이명박 때부터 이어져온 적폐 뿌리를 뽑아야 한다는 목소리가 이어집니다.

박멸을 막아주소서

자유한국당이 적폐 청산에 맞서는 당내 정치보복대책특별위원회를 만듭니다.
자유한국당은 문재인 정부의 적폐 청산을 전 정부와 전전 정부에 대한 정치 보복이라고 규정하고
이에 대한 공격에 나서지만 적폐 청산을 염원하는 국민들의 시선은 싸늘하기만 합니다.

다스는 누구 거

이명박 전 대통령이 실소유주로 의심되는 주식회사 '다스'가 주목받으면서 SNS와 각종 커뮤니티 등 온라인에서
"다스는 누구 겁니까?"라는 글이 유행어처럼 확산되고 있습니다. 국정원과 군 사이버사령부의 댓글 공작, 블랙리스트 사건
등과 함께 다스 실소유주 논란까지 이어지며 이 전 대통령에 적폐 청산의 칼날이 가까워지고 있습니다.

고문 있었으면

박근혜 전 대통령이 변호 포기를 선언하고 재판을 거부 중인 가운데 법정에 출석한 최순실 씨는
"약으로 버티는데 고문이 있었다면 웜비어 같은 사망 상태일 것"이라며 한국을 북한에, 자신을 웜비어에 비유해 말합니다.
한 사람은 적폐 청산을 정치 보복이라 공격하고 한 사람은 색깔론까지 동원하는 시대착오적 모습을 보이고 있습니다.

벌떡

일본의 중의원 선거에서 연립 여당인 자민·공명당이 압승을 하고 개헌 가능 의석을 확보해
전쟁 가능한 국가를 향한 개헌 논의가 힘을 받게 됩니다. 부패 스캔들로 추락하던 아베 총리의 지지율이
북한의 미사일 도발 이후 반등하자 중의원을 해산하고 총선 승부수를 던져 성공하게 된 것입니다.

목줄 없는 권력

한국에서 외환은행 등에 투자해 수조 원대 이익을 올린 미국계 사모펀드 론스타에
1,700억 원대 법인세를 세무 당국이 부과한 것은 부당하다는 대법원의 판결이 나옵니다.
질주하는 자본 권력 앞에선 국경도 법도 방해가 될 수 없습니다.

누구 거니

2008년 삼성 특검 수사로 드러난 이건희 회장 차명 계좌의 4조 4000억 원 규모 비자금에 대한 과세 요구가
국정감사에서 제기됩니다. 금융위는 이 회장의 차명 계좌 4조 4000억 원을 차등 과세 대상으로 규정하고
인출 과정을 재점검하겠다고 밝힙니다.

대통령의 서재

2017년 2월 1일

지겨워

2017년 4월 19일

날개

샐러리맨의 신화

IT의 신화

추락하는 것엔

제보조작 / 국정원 정치공작수사

날개가 있다

언론

대통령의 서재

도널드 트럼프 미국 대통령이 시리아, 이라크, 이란, 수단, 소말리아, 리비아, 예멘 등 7개국 출신 이민자들에
비자 발급 등을 제한하는 막가파식 행정명령에 서명해 전 세계가 경악합니다.
오바마 정권 인사인 샐리 예이츠 법무장관 권한대행은 이에 거부 의사를 밝혀 경질됩니다.
〈뉴욕타임스〉는 배후에 스티브 배넌이라는 실세가 있다고 보도합니다. 우리에게는 친숙한 상황들입니다.

지겨워

박지원 국민의당 대표가 전주 유세에서 "안철수가 대통령이 돼야 전북 출신 인사가 차별을 안 받는다.
예산을 끌어와서 새만금 등 전라북도를 발전시킨다"고 하는 등 지역감정을 자극하는 발언으로 물의를 일으킵니다.
참신함을 강조하며 새 정치를 강조하려는 안철수 후보의 포스터가 구시대적 지역감정으로 얼룩지고 있습니다.

날개

이명박 전 대통령은 샐러리맨의 신화를 기반으로 대통령의 자리에까지 올랐습니다.
안철수 전 국민의당 대표는 IT 신화를 쓰고 정계에 진출했습니다. 그러나 지금 그들은 시대적 요구를 읽지 못해
추락하고 있습니다. 매서운 검증보다 신화 만들기에 앞장선 언론의 책임도 무시할 수 없습니다.

빛은 어둠을 넘어

박순찬 지음

초판 1쇄 인쇄일   2017년 12월 4일
초판 1쇄 발행일   2017년 12월 15일

발행인 | 한상준
편집 | 김민정·윤정기
마케팅 | 강점원
관리 | 김혜진
디자인 | 김경희
종이 | 화인페이퍼
제작 | 제이오

발행처 | 비아북(ViaBook Publisher)
출판등록 | 제313-2007-218호(2007년 11월 2일)
주소 | 서울시 마포구 월드컵북로 6길 97(연남동 567-40) 2층
전화 | 02-334-6123 팩스 | 02-334-6126 전자우편 | crm@viabook.kr 홈페이지 | viabook.kr